EXPLICANDO
Cómo edificar una iglesia del Nuevo Testamento

DAVID PAWSON

ANCHOR RECORDINGS

Copyright © 2018 David Pawson

EXPLICANDO Cómo edificar una iglesia del Nuevo Testamento
EXPLAINING Building a New Testament Church (Spanish Edition)

El derecho de David Pawson a ser identificado como
el autor de esta obra ha sido
afirmado por él de acuerdo con la
Ley de Copyright, Diseños y Patentes de 1988.

Traducido por Alejandro Field
Esta traducción internacional en español se publica por primera vez
en Gran Bretaña en 2015 por
Anchor Recordings Ltd
DPTT, Synegis House, 21 Crockhamwell Road,
Woodley, Reading RG5 3LE

Ninguna parte de esta publicación podrá ser reproducida o transmitida
de ninguna forma o por ningún medio, electrónico o mecánico,
incluyendo fotocopia, grabación o ningún sistema de almacenamiento
o recuperación de información, sin el permiso previo
por escrito del editor.

**Si desea más de las enseñanzas de David Pawson,
incluyendo DVD y CD, vaya a
www.davidpawson.com**

**PARA DESCARGAS GRATUITAS
www.davidpawson.org**

**Si desea más información, envíe un e-mail a
info@davidpawsonministry.com**

ISBN 978-1-911173-75-5

Impreso por Ingram Spark

Índice

1. Universal y local — 7
2. Hogar para la familia — 9
3. Familia, rebaño, comunión — 12
4. Cuerpo, novia, edificio — 16
5. Llamados afuera para juntarnos — 18
6. Ancianos — 21
7. Diáconos — 23
8. La reunión de miembros — 26
9. Ministerios — 28
10. Apóstoles — 33
11. Obispos — 36
12. Tamaño, forma, relaciones — 38
13. Música y palabras — 42
14. ¡Cómo escoger la iglesia perfecta! — 48
15. Disciplina — 51
16. Adoración — 58
17. Finanzas — 63
18. Evangelización — 68

Este libro está basado en una charla. Al tener su origen en la palabra hablada, muchos lectores encontrarán que su estilo es algo diferente de mi estilo habitual de escritura. Es de esperar que esto no afecte la sustancia de la enseñanza bíblica que se encuentra aquí.

Como siempre, pido al lector que compare todo lo que digo o escribo con lo que está escrito en la Biblia y, si encuentra en cualquier punto un conflicto, que siempre confíe en la clara enseñanza de las escrituras.

David Pawson

EXPLICANDO
Cómo edificar una iglesia del Nuevo Testamento

1. UNIVERSAL Y LOCAL

Ya sea que edifiquemos según el patrón del Nuevo Testamento o no, los pastores estamos llamados a edificar iglesias. Comenzaremos por dos pasajes cortos en los que Jesús usa la palabra "iglesia". Fue idea de él; él vino a edificar una iglesia. La primera ocasión es en la situación memorable en la que preguntó a los discípulos: "Y ustedes, ¿quién dicen que soy yo?", que es la pregunta más importante de todas.

Simón Pedro contestó: "Tú eres el Cristo, el Hijo del Dios viviente". Fue la primera persona jamás en decir eso.

Jesús contestó: "Dichoso tú, Simón, hijo de Jonás, porque eso no te lo reveló ningún mortal, sino mi Padre que está en el cielo. Yo te digo que tú eres Pedro, y sobre esta piedra edificaré mi iglesia, y las puertas del reino de la muerte no prevalecerán contra ella. Te daré las llaves del reino de los cielos; todo lo que ates en la tierra quedará atado en el cielo, y todo lo que desates en la tierra quedará desatado en el cielo".

Esto está en Mateo 16. Luego, en Mateo 18:15, encontramos lo siguiente: "Si tu hermano peca contra ti, ve y repréndelo cuando él y tú estén solos. Si te hace caso, habrás ganado a tu hermano. Pero si no te hace caso, haz que te acompañen uno o dos más, para que todo lo que se diga conste en labios de dos o tres testigos. Si tampoco a ellos les hace caso, hazlo saber a la iglesia; y si tampoco a la iglesia le hace caso, ténganlo entonces por gentil y cobrador de impuestos".

Notará que Jesús usa la palabra "iglesia" dos veces, pero de maneras muy diferentes. La primera vez dice: "Edificaré mi iglesia", algo que ha estado haciendo desde entonces. La segunda vez nos dice que informemos algo a la iglesia. No pueden ser la misma cosa. Está claro que la primera vez que usó la palabra "iglesia" se estaba refiriendo a la iglesia universal a la que pertenece cada cristiano por el hecho de pertenecer a Cristo. Porque usted pertenece a Cristo, pertenece a su Cuerpo; forma parte de él. Ya está en la iglesia. Pero luego dice que si uno tiene una disputa con su hermano, que lo *diga* a la iglesia. Si uno dijera algo a toda la iglesia pasaría el resto de la vida volando de un lugar a otro, hablando a la iglesia. Es muy obvio que Jesús usa la palabra "iglesia" ahora en un sentido local.

De modo que en la mente de Jesús está tanto la iglesia universal como una iglesia local. Él espera que todos sus seguidores pertenezcan a ambas, pero me encuentro con personas de todo el mundo ahora que quieren pertenecer a *la* iglesia, pero no a *una* iglesia. Es algo bastante peligroso para ellas, y ciertamente no es la voluntad de Jesús. Dicen: "Sí, pertenezco al Cuerpo de Cristo, pertenezco a Cristo, pertenezco a su iglesia". Pero no quieren unirse a una iglesia local. Por lo tanto, no pueden aplicar para ellas el segundo pasaje de la enseñanza de Jesús, en Mateo 18. No pertenecen a una iglesia a la que puedan hablar, una iglesia local, que pueda tratar su problema si no pueden hacerlo por su cuenta.

2. HOGAR PARA LA FAMILIA

Esto es lo primero y más básico: todos los cristianos pertenecen a la iglesia. Pero hay demasiados que no pertenecen a una iglesia local. Cristo vino para edificar a ambas. La iglesia está constituida por iglesias locales a las que necesitamos pertenecer. Ahora bien, todo el mundo sabe, por supuesto, que la iglesia no es un edificio, pero estamos tan acostumbrados a esta idea, que señalamos un edificio y decimos: "Esa es la iglesia a la que asisto". La iglesia está formada por *personas*. Sea que se reúna en un edificio o al aire libre, eso es la iglesia, una iglesia local.

Un miércoles a la mañana, en Guildford, Inglaterra, donde se encontraba nuestra iglesia, llegó un autobús lleno de niños con su maestro. El hombre dijo: "Los niños están haciendo un ejercicio sobre las iglesias locales. ¿Podríamos por favor entrar para ver su iglesia?".

"Lo lamento, pero no están aquí", dije.

El maestro parecía algo perplejo y dijo: "Pero, ¿no es ésta la iglesia?".

Contesté: "No, la mayor parte de la iglesia está en Londres hoy, así que no podrá verlos".

Ahora el hombre estaba bastante alterado. "Bueno, ¿puedo entrar con los niños?".

Entraron, se sentaron todos, y me preguntó: "¿Podría contestar sus preguntas?".

Cada niño tenía una lapicera en la mano y un trozo de papel, listo para la respuesta. Comenzaron a hacer preguntas como: "¿Qué significa eso en la pared?".

"Es un ventilador que deja entrar aire fresco".

"Ah", dijeron. "¿Qué significa eso que está frente a usted?".

"Esa es una pequeña lámpara para ver las notas cuando predico. La apagaré y prenderé para que lo vean".

Seguían diciendo: "¿Qué significa esto? ¿Qué significa eso?". Me di cuenta de que habían estado viendo otras iglesias donde todo era simbólico y todo tenía un significado, donde hasta los bancos donde se sentaba la gente tenían en los extremos círculos superpuestos grabados, y se les había dicho: "Eso significa la Santa Trinidad". Se les había dado el significado de todo en las otras iglesias, y yo no tenía un significado. Finalmente, como no habían escrito nada, les tuve lástima. Di unos pasos, levanté partes del piso y les mostré el bautisterio. Eso los entusiasmó y empezaron a escribir alocadamente. Dije: "Aquí es donde bautizamos a las personas". Les pareció apasionante. No habían visto algo así en ninguna de las otras iglesias.

Cuando uno llena una iglesia con símbolos distrae bastante. No necesitamos una iglesia con símbolos. Le diré un secreto: yo diseño edificios de iglesia en mi tiempo libre. He diseñado más de una docena ya, y usted puede verlos diseminados por toda Gran Bretaña. Ni una se parece a una iglesia. Parecen una gran casa de familia, porque no son una "casa de Dios", así que no necesitan un techo alto. Es así como están diseñadas tantas "casas de Dios", con techos muy altos, como si Dios pudiera meterse de alguna forma debajo de ellos. Pero mis edificios de iglesia parecían casas de familia, con salones, baños y todo lo que necesita una familia.

Los edificios que diseño no buscan ser una "casa de Dios" sino un hogar para la familia de Dios. Sin embargo, la gente sigue viniendo y ora al principio del culto: "Señor, hemos venido a tu casa..." Pero es un hogar para el pueblo de Dios, su familia. Cuanto más grande la casa, más una familia se sentirá en casa. Significa que, si ahora usted ya no necesita los edificios puede venderlos como buenos centros comunitarios, porque no están atadas de ninguna forma a la fe cristiana. Ponemos un cartel afuera del edificio que dice que la iglesia se reúne cada domingo a la mañana, para que el público pueda saber.

Tampoco es una *denominación* la iglesia. Jesús nunca edificó una denominación. La palabra significa 'nombre'. Denominamos a una iglesia o un grupo de iglesias dándoles un nombre. Las denominaciones denominan a una iglesia y la distinguen de otras. Es un nombre que los hombres han dado a una iglesia, no un nombre que Dios ha dado a una iglesia. Los hombres piensan en un nombre para distinguir a su comunidad de otras. Los nombres de las iglesias son para las personas, y ni una de ellas viene de Dios. Simplemente denominan a una iglesia.

La iglesia no es una *organización*. Una de las características más dañinas de algunas iglesias hoy es que siguen el modelo de una empresa, por lo general copiadas de Estados Unidos, que es un gigantesco país-empresa. El pastor es el director ejecutivo de la empresa y se sienta en la oficina más grande en algún lugar del edificio, y se comporta como si fuera el jefe. Pero la iglesia no es una empresa. Tiene que manejar las finanzas y otras cosas como una empresa, pero no es una empresa ni una organización; es un organismo, un cuerpo.

Sobre todo, la iglesia no es un *club*. Algunas iglesias que visito se parecen más a un club religioso que cualquier otra cosa. En un club uno se hace miembro, paga la cuota de membresía, asiste a las reuniones de negocios, cumple con las reglas y vota en las reuniones de negocios. Pero eso no es una iglesia, sino un club religioso.

La iglesia no es el *clero*. Es asombroso cuántas personas piensan que el clero forma la iglesia. En mi país, la gente dice: "La iglesia debería hacer algo al respecto", lo cual significa los clérigos, como si los cristianos profesionales fueran la iglesia. La gente culpa a la iglesia por hacer cosas. No culpa a la gente que asiste a la iglesia, sino culpan al clero. Pero ellos no son la iglesia.

3. FAMILIA, REBAÑO, COMUNIÓN

La iglesia no es un edificio, no es una denominación, no es una organización, una empresa, un club ni el clero. Entonces, ¿qué es? Pensemos en algunas otras cosas que la Biblia denomina 'iglesia'. Es una *familia*. Son los hermanos y hermanas de Jesús. Debería transmitir ese significado a todos los que se acercan a ella. Somos, juntos, una familia. La siguiente palabra que usa la Biblia es *rebaño*. Somos un rebaño de ovejas, y estamos bajo pastores que están a su vez bajo el Buen Pastor. Las ovejas no son los animales más sensatos. Tienen la costumbre de seguir su propio camino, y necesitan un pastor que las mantenga juntas y las guíe por el camino correcto. Cuando uno estudia la vida de un pastor en Oriente Próximo, encuentra que es completamente diferente de la vida de un pastor en Inglaterra, por ejemplo. Un pastor en Inglaterra persigue a las ovejas desde atrás, generalmente con un perro. He sido un pastor y tuve un perro ovejero durante muchos años después que dejé de trabajar en el campo. El trabajo de pastorear ovejas en Inglaterra es un trabajo bastante diferente. Mi primer trabajo como pastor era tomar hijo y aguja y coser los párpados de las ovejas para mantenerlos abiertas. Esto se debe a que muchas ovejas nacen ciegas con un párpado caído, y hay que tomar hilo y aguja y coser el párpado para que quede abierto hasta que los músculos se hagan cargo, y el hilo se pudra y caiga. ¿Puede imaginar mi primer trabajo, con un corderito en mis brazos, y una aguja e hilo? Me asombra que me hayan dejado hacerlo. Pero estaba dando vista a los corderos.

En Oriente Próximo no usan perros, y no persiguen a las ovejas. Caminan delante de ellas. Dan a cada oveja un nombre. El pastor camina adelante y dice: "Vamos Patas Negras. Ven con Lana Blanca", y las ovejas responden inmediatamente. Recuerdo haber observado a dos pastores en Oriente Próximo que se cruzaron, cada uno con un rebaño atrás. Cuando se encontraron, los dos rebaños se mezclaron. En Inglaterra esto sería una crisis. Dedicaríamos una hora y media a separar las ovejas. Pero ellos no. Los pastores siguieron caminando y llamaron a sus ovejas. Los rebaños se separaron en dos nuevamente y siguieron su camino. Todo esto tiene mucho sentido cuando uno lee Juan 10, por ejemplo: "Mis ovejas oyen mi voz". Él las llama por nombre, individualmente.

Un pastor en Oriente Próximo tiene que caminar un largo trecho, porque el pasto no crece en todas partes, a diferencia de Inglaterra. No hay campos verdes. Hay pequeños parches de verde entre los montes, así que tiene que caminar con las ovejas un largo trecho cada día. Las hace caminar por un valle donde hay animales salvajes al acecho en las sombras. Por lo tanto, lleva dos elementos. Uno es un cayado con una parte superior curva, con la cual puede tomar las ovejas por el cuello y traerlas hacia sí. El otro es un garrote corto y afilado. Con eso echa a los animales salvajes, los leones, porque había leones en Oriente Próximo. "El Señor es mi pastor". Tiene un cayado y un garrote. Los pastores pasan por estos valles oscuros para encontrar pastos, y hay animales salvajes al acecho. "Aunque ande por valle de sombra de muerte…" No usa la palabra "muerte". Simplemente dice que cuando ande por el valle de la sombra profunda tú estás conmigo, con esas dos cosas en tus manos.

Otra cosa muy interesante acerca de las ovejas es que sus fosas nasales y su boca están mucho más próximas que las nuestras. Así que no pueden beber de aguas turbulentas y tienen que ser guiadas a aguas tranquilas. Un buen pastor sabe dónde hay aguas tranquilas donde las ovejas pueden beber sin ahogarse, sin que la nariz absorba la humedad. Luego, al mediodía, en el calor del sol, si siguieran caminando sufrirían de insolación. He visto al buen pastor en Oriente Próximo atar las patas de las ovejas con un trozo de soga. Les ata las cuatro patas y las voltea para que no se vean tentadas a correr en el calor. "Me hace descansar..." Está todo ahí en Salmos, y es maravilloso.

Cuando uno piensa en esto entiende muchos aspectos de cómo el Buen Pastor cuida su rebaño y lo que hace por las ovejas: ocupándose de que obtengan alimento y tengan descanso, haciendo que se acuesten cuando tienen que hacerlo, echando fuera animales salvajes que quieren atacar y acercando a las ovejas hacia sí cuando corren peligro. Es todo muy vívido.

La iglesia es una *familia*, un *rebaño*, y es una *comuni*ón del Espíritu Santo. Ahora bien, esa palabra "comunión" es mucho más fuerte que la forma en que suele usarse. Recuerdo un pastor que siempre decía al final de un culto: "Venga a tener un tiempo de comunión alrededor de una taza de té". Tenía visiones de todas las personas apretujándose alrededor de una taza de té, y me parecía algo extraño. Pero la palabra para "comunión" es *koinonia*. Es una palabra muy inusual. Se usa para siameses, que nacen unidos y comparten el mismo torrente sanguíneo y hasta los mismos órganos. Una de las cirugías más difíciles es separarlos. Por cierto, algunos no pueden ser separados y deben pasar el resto de su vida juntos. Los siameses tienen *koinonia*: no pueden prescindir del otro. Nosotros tenemos *koinonia* en el Espíritu, lo cual significa que el mismo Espíritu Santo fluye por todos nosotros. Requeriría casi una cirugía separarnos, de tan cercanos que somos. Significa compartir la misma vida. Esto no es solo amistad. A menudo usamos la palabra "comunión" en lugar de "amistad". Pero es una palabra mucho más fuerte, y existe solo entre personas que tienen el mismo Espíritu Santo fluyendo por todas ellas. Por ese motivo los cristianos que han recibido el Espíritu Santo, cuando se encuentran, en cinco minutos están hablando como si se hubieran conocido toda la vida. Es algo muy extraño. Conozco tres palabras en indonesio y el idioma de Sarawak. Son tres palabras que son iguales en todos los idiomas: "Aleluya", "taxi" y "Coca Cola". Así que, cada vez que salgo de viaje, cuando tengo sed grito: "¡Coca Cola!". Si tengo que ir a algún lado, grito: "¡Taxi!". Pero si necesito comunión, grito: "¡Aleluya!", y la persona que se da vuelta y sonríe es mi hermano o hermana en Cristo, y puedo tener comunión de inmediato. Es una de las cosas más asombrosas que ocurre entre quienes comparten el mismo Espíritu.

4. CUERPO, NOVIA, EDIFICIO

Hay tres palabras hermosas que describen la iglesia, y no pueden ser usadas juntas en ninguna otra conexión. La iglesia es un *cuerpo*, el Cuerpo de Cristo en la tierra. Por lo tanto, un cristiano, un cristiano solitario, por su cuenta, es como un dedito que anda corriendo por el piso solo. Casi parece tonto imaginarlo. Si uno pierde un miembro, la iglesia ha sido desmembrada. No se trata de que el club ha perdido un miembro, sino que el Cuerpo ha perdido un miembro. Ha sido una parte vital del Cuerpo y ha cumplido una función dentro del Cuerpo, y el Cuerpo tiene muchos miembros.

Algunas personas pierden miembros de su cuerpo en la vida real y muchas siguen adelante de una forma asombrosa. Las Olimpiadas para personas en sillas de ruedas y para quienes han perdido extremidades son asombrosas. Las Olimpiadas son seguidas por las Paraolimpiadas. Es asombroso lo que pueden hacer y, sin embargo, son discapacitados. Una iglesia, que es un cuerpo, perderá algo, estará discapacitada, si pierde un miembro. Un miembro no es alguien que figura en los libros. Es alguien que funciona para otros, hacia otros miembros y provee una función que no puede proveer por su propia cuenta. Este es un concepto único de personas que se unen. Un club es completamente diferente.

Luego, la iglesia es también una *novia*. Cuando usted pasa a ser parte de la iglesia de Cristo es parte de su Novia. Aún no está casado, sino está comprometido con Cristo en esta vida, y un día se realizará la boda. La Biblia finaliza como todo buen romance: "Se casaron y vivieron felices para siempre". Ese es el final de la Biblia. Finaliza con una boda. Mi relación con Cristo en este momento es que estoy comprometido con él. Anhelo la consumación de esa relación, la boda misma. Una futura novia dedicará su tiempo a prepararse para la boda. Se nos dice en la Biblia lo que significa esto. Significa desarrollar buenas acciones, que son el equivalente del vestido de novia. La mayoría de las novias en este país quieren casarse de blanco. Era un símbolo de virginidad, indicando que se había mantenido pura para el novio.

Finalmente, el Nuevo Testamento dice que la iglesia es un *edificio*. No la clase de edificio que llamamos iglesia, sino un edificio de piedras vivas de las cuales Cristo es la piedra principal, un edificio en el cual Dios puede vivir. Es un edificio, no de ladrillos o de piedra, sino un edificio de personas que, juntas, permiten a Dios vivir en la tierra, porque Dios mora en su templo santo, y la iglesia es un templo para que Dios viva en él.

Esas son todas descripciones únicas de una iglesia en el Nuevo Testamento, haciéndola muy diferente de cualquier otra organización en la tierra.

5. LLAMADOS AFUERA PARA JUNTARNOS
Un comentario acerca de las palabras usadas para la iglesia. La palabra básica es *ekklesia*, de donde sacamos la palabra *eclesiología* o *eclesiástico,* que significa 'relacionado con la iglesia'. La palabra *ekklesia* significa literalmente "llamados afuera". Somos la asamblea llamada afuera de Dios. Esa palabra era usada en la antigua Grecia para la asamblea política, cuando los representantes del pueblo se reunían en una forma de gobierno democrática. Eso no es la iglesia; no somos una democracia. Pero hemos sido llamados afuera del mundo para juntarnos. La palabra griega para "juntarnos" es *sunagoge* (*sun*, juntos – *goge*, venir). Una sinagoga es un "venir juntos" del pueblo de Dios. Somos llamados afuera para juntarnos.

Esa palabra, "sinagoga", es muy importante, porque las iglesias del Nuevo Testamento siguieron el modelo de la sinagoga judía que tenían ante ellas. La sinagoga se desarrolló en Babilonia, cuando los judíos se encontraron separados del templo. No tenían un templo donde juntarse, así que crearon sinagogas locales. Todo el patrón de la iglesia del Nuevo Testamento sigue el modelo de la sinagoga porque, para nosotros, el verdadero templo se encuentra en el cielo. El templo de Jerusalén era una copia; anteriormente, el tabernáculo era una copia. Quienes los diseñaron vieron atisbos del verdadero templo, el verdadero tabernáculo, en el cielo.

Tanto el templo como el tabernáculo fueron diseñados con el mismo esquema básico, con el Lugar Santísimo en el medio y atrios externos para que las personas vinieran a adorar. Tanto el tabernáculo, que era prácticamente una tienda móvil, como el templo, que era un edificio de piedra muy sólido, fueron modelados siguiendo el mismo plan. Pero nosotros no necesitamos un templo, no necesitamos sacerdotes, no necesitamos sacrificios y altares, porque todo eso se ha cumplido y se ha vuelto a trasplantar a la realidad celestial. Tenemos un Sumo Sacerdote allá arriba que ha realizado todos los sacrificios necesarios por nosotros. Por eso no aparecemos en la iglesia con un cordero, una paloma o algo para que le corten el cuello para adorar al Señor. En el Antiguo Testamento, cuando uno adoraba al Señor, era un baño de sangre, un matadero. Era un sacrificio con sangre corriendo por todas partes. Era un espectáculo asombroso. Pero no tenemos esas cosas. No necesitamos todas las cosas que la ley de Moisés nos dijo que tuviésemos, porque se han cumplido todas en Cristo. Él entró en el verdadero templo por nosotros, presentando su propio sacrificio a Dios el Padre por nuestros pecados. Por lo tanto, solo necesitamos sinagogas. Cometemos un gran error cuando intentamos edificar templos en la tierra, y varias iglesias lo han hecho, tomando el ejemplo de templos griegos. Es asombroso cuántas iglesias se parecen a templos griegos, con columnas al frente.

Me recuerda una experiencia única que tuve la primera vez que viajé a Nueva Zelanda. Nunca se me ocurrió que cruzaríamos la línea de la fecha. Partí de Hawái, viajando al oeste hacia Nueva Zelanda (había viajado de Los Ángeles y luego Hawái). Salí el jueves a la noche alrededor de las diez. Estaba apretujado entre dos mujeres enormes de las Islas del Mar del Sur. ¡Tenían tantas guirnaldas con flores alrededor del cuello que era como estar en un vivero! Entonces pensé: "Llegaré a Nueva Zelanda en doce horas. Me dormiré porque sé que tengo que predicar a las tres de la tarde el sábado a la noche, así que podré dormir unas veinticuatro horas para reponerme del vuelo". Entonces el piloto dijo: "Es ahora la una de la mañana del sábado". Dije: "No puede ser. Acabamos de salir de Hawái y eran las diez de la noche del jueves". Habíamos cruzado la línea de la fecha. Salí del avión, subí a un coche, y media hora después estaba predicando en la iglesia más grande de Auckland, Nueva

Zelanda. Había entrado por la puerta trasera y no había visto el frente de la iglesia. No recuerdo la mayor parte de lo que dije, y tampoco ellos. Pero sí recuerdo vívidamente que el Señor me dio una visión cuando iba por el medio de mi prédica. Vi un barco gigante, un transatlántico que estaba varado, sin poder moverse. Solo una o dos semanas antes, el QE2 había quedado varado por un cable de combustible roto del motor. Habían desembarcado a los pasajeros usando unos botecitos y los habían llevado el puerto más cercano. Vi a los pasajeros de este enorme transatlántico llevados en botecitos hacia ese puerto. Pero lo extraño era que faltaba el puente del barco, y en su lugar había un templo griego. Usted sabe qué aspecto tienen, con columnas que sostienen una pieza triangular arriba. Pensé: "¡Qué extraño!". Se lo dije a la congregación, y quedaron consternados, porque el frente de esa iglesia era un templo griego, y durante meses la gente había estado saliendo de la iglesia para ir a una iglesia pentecostal más grande que se reunía en el ayuntamiento. La iglesia se había estado reduciendo cada vez más, y había familias y grupos de personas que partían. Fue una revelación asombrosa para todos nosotros.

6. ANCIANOS

La primera cosa que tenemos que tratar es ésta: ¿qué forma de liderazgo aparece en la iglesia del Nuevo Testamento? Porque nuestra iglesia debería seguir ese modelo. Lo primero que quiero decir es muy importante, pero será una sorpresa para algunos: el liderazgo nunca es de un solo hombre. Así que uno nunca escucha hablar de "la iglesia de fulano". Una iglesia local en el Nuevo Testamento nunca era liderada por un hombre. No existe tal cosa como "el pastor" en una iglesia del Nuevo Testamento. Siguiendo el ejemplo de la sinagoga, eran lideradas por un grupo de hombres, y subrayo la palabra *hombres*; no un grupo de hombres y mujeres, sino un grupo de hombres, que eran llamados los ancianos de la iglesia. No significa que eran de edad avanzada, sino que estaban avanzados espiritualmente con relación a los demás, que lo demás podía respetar. Era un grupo de ancianos que compartían la responsabilidad.

Se nos dice en 1 Timoteo 3 cuáles son los requisitos. Uno es que esté casado con una esposa. No creo que signifique que había mucha poligamia en ese momento, sino que estuviera casado con una esposa y nunca se hubiera divorciado. Por supuesto, si la esposa moría, entonces el hombre estaba perfectamente libre para volver a casarse. Pero nadie tenía la libertad de divorciarse, volverse a casar y ser un anciano de la iglesia. No podrían ser personas que amaran el dinero, porque sería algo muy malo como anciano de la iglesia. No significaba que no tuvieran dinero, sino que no podrían ser *amigos* del dinero. Estos eran, básicamente, supervisores de lo que ocurría en la iglesia. Toda iglesia del Nuevo Testamento, cuanto antes, tenía un grupo de hombres maduros que supervisaban todo lo que hacía la iglesia.

Vamos a ver más adelante la disciplina en una iglesia del Nuevo Testamento, y es algo que no puede ser logrado por un solo hombre. Me temo que esa puede ser la razón por la que en muchas iglesias que son lideradas por un solo hombre no hay ninguna disciplina, porque si un hombre trata de disciplinar una iglesia muy pronto se creará enemigos y hará que la vida se le complique. Pero si un grupo de hombres lo hacen juntos, entonces la disciplina es mucho más fácil de aplicar. Así que escogían ancianos —ancianos varones— de entre los cristianos reunidos tan pronto mostraban más madurez que los demás.

Uno de los requisitos era que tuvieran una buena opinión de gente de afuera. Cuando estábamos eligiendo un anciano en nuestra iglesia íbamos al empleador del candidato que estábamos considerando y le preguntábamos: "¿Qué piensa usted de este hombre?". Recuerdo haber ido a la compañía de electricidad porque el hombre que estábamos considerando para anciano era un gerente de líneas de distribución de electricidad en todo el país. Fui a su jefe y le dije: "Estamos considerando a John para ser un anciano de nuestra iglesia. ¿Qué opinión tiene de él?". El hombre nos dijo: "Es un muy buen hombre. Serán muy afortunados si lo tienen". Ahora bien, nosotros no creemos en la suerte, pero fue lo que dijo. Lo informamos a la iglesia: tenemos una buena opinión de alguien de afuera sobre este hombre. De hecho, pasó a ser uno de los mejores ancianos que tuvimos. Se nos dice en 1 Timoteo 3 cómo escogerlos, qué clase de hombres, y sobre todo un hombre que maneja su familia bien, porque si no puede manejar su propia familia no manejará la familia de Dios muy bien. La prueba está en su hogar y en su vida familiar.

7. DIÁCONOS

El otro grupo de personas que uno necesita para tener una estructura completa de la iglesia son los diáconos. Me parece claro que los diáconos pueden ser hombres o mujeres, y que son llamados a ser siervos de la iglesia de maneras prácticas. Así que tenemos a ancianos para supervisar a hombres, y hombres y mujeres para servir en las necesidades prácticas de la iglesia. Los diáconos, nuevamente, son elegidos por su calidad. Tanto los diáconos como los ancianos necesitan calidades espirituales. No piense que porque un hombre o una mujer son buenos en cosas prácticas que uno debería tomarlo como diácono. Tienen que ser personas espirituales también, pero que tengan un don en algún área práctica. En nuestra iglesia teníamos un diácono de finanzas que se ocupaba del dinero, teníamos un diácono de servicio de comidas que se ocupaba de la comida, teníamos un diácono músico que se ocupaba de la música y teníamos un diácono del edificio que se ocupaba de la estructura del edificio. Cada una de estas personas prestaba un servicio práctico a la iglesia, y cada una contaba con un equipo que las ayudaba en su tarea.

Estábamos intentando edificar una iglesia del Nuevo Testamento. Así que teníamos ancianos, uno de los cuales era yo. Había una mezcla entre los ancianos de tiempo completo, tiempo libre y tiempo parcial, pero todos eran ancianos por igual. Yo era un anciano maestro. Teníamos ancianos consejeros. Teníamos un anciano que se ocupaba de las viudas pastoralmente, pero también hacía un gran trabajo práctico, porque era un constructor. Podía arreglar ventanas rotas y cosas que necesitan las ventanas. Pero su tarea principal era cuidar a las viudas espiritualmente. Teníamos ancianos y diáconos. Creo que este es el orden de la sinagoga. Fue llevado a la iglesia primitiva mediante transferencia directa. Una iglesia necesita, primero, ancianos, un grupo de hombres maduros, y luego diáconos. Entonces no estará centrada en un solo hombre. No estará "el pastor". Habrá ancianos maestros y ancianos pastorales.

Habrá algunos que harán evangelización también. Algunos serán pagados por la iglesia. Esto es muy claro. Con relación a un anciano que predica y enseña a la vez (con el significado de predicar a los no creyentes y enseñar a los creyentes), dado que está dedicado a una tarea doble, Pablo dice: "Tiene derecho a una remuneración doble". Esa es su palabra. Pablo enseña claramente, en Gálatas capítulo 6, que si uno se beneficia de alguien por su contribución espiritual entonces la persona debería beneficiarse de una contribución material de esa persona. De modo que se considera claramente un anciano pago. O, si es de tiempo parcial, un anciano de pago parcial. Cuando hay dinero disponible, es un gasto válido. Pero el dinero no debería estar en las manos del anciano. Deje que un diácono se ocupe de sus finanzas y manténgalo independiente de los ancianos, entonces no habrá ninguna tentación de un hombre para meterlo en su bolsillo.

Al inicio, los ancianos son elegidos por la persona que planta la iglesia y la comienza. Dicho sea de paso, los apóstoles, que fueron llamados a plantar iglesias donde no había ninguna, nunca plantaron una iglesia solos. Siempre, en el Nuevo Testamento, por lo menos dos plantaban una iglesia; nunca uno solo. Así que, al inicio mismo, no se trata de un equipo de un solo hombre ni de un hombre con su esposa, sino dos hombres. Podrían llevar algunas mujeres con ellos, podrían llevar todo un equipo, pero nunca iban a plantar una iglesia solos. De nuevo, si tan solo hubiésemos seguido las escrituras nos habríamos evitado muchos problemas.

Después de la primera designación por un apóstol, necesitaban ancianos cuanto antes para seguir con la tarea. Pablo escribió a Tito y dijo: "Te dejé en Creta para que…

en cada pueblo nombraras ancianos de la iglesia", porque ya había grupos de convertidos reuniéndose. Pero, más tarde, cuando los apóstoles se habían ido y estaban plantando iglesias en otra parte, la iglesia tuvo que designar a los próximos ancianos. ¿Cómo lo hicieron? Estoy convencido, por la lectura cuidadosa del Nuevo Testamento, de que toda la iglesia participaba en la elección de los siguientes ancianos, porque la frase usada es: "Alzaron la mano para designar ancianos". Necesitaban ancianos cuanto antes, y ellos siguieron con la tarea, lo cual significa que dieron su consentimiento. Votaron, para decirlo en palabras sencillas, y lo mismo hicimos nosotros por nuestros ancianos, porque considerábamos que estaba bien. No significa que cualquiera que obtuviera cincuenta y uno por ciento de los votos sería un anciano; de ningún modo. Decíamos que tenían que lograr que por lo menos cuatro de cinco miembros los reconocieran como pastores. Los ancianos podrían traer un nombre a la iglesia y podrían, por lo tanto, recomendarlo, pero era *toda* la iglesia la que lo aprobaba. Pedíamos a las ovejas que los reconocieran como pastores, porque ellas iban a seguir al hombre que reconocieran. Si los ancianos son designados por los ancianos mismos, son impuestos, y las personas podrían o no aceptarlos como pastores. Pero si se les ha preguntado: "¿Reconocen a este hombre como un don de Dios para ustedes como pastor?", entonces lo seguirán. Lo han reconocido. Fue lo que hicimos.

Creíamos en un gobierno abierto. Con esto quiero decir que los ancianos traían todo a las ovejas, al rebaño, a la familia. Los asuntos de disciplina eran traídos a toda la iglesia, porque Pablo nunca dijo a los ancianos que disciplinaran. Dijo a toda la iglesia que disciplinaran a un hombre que se había estado comportando mal. Fue lo que practicamos, de modo que cada miembro compartiera la responsabilidad de la familia. Encontramos que realmente valió la pena.

8. LA REUNIÓN DE MIEMBROS

Teníamos una reunión de negocios cada mes solo para miembros. Esto era un requisito legal en Gran Bretaña. Las leyes de libelo y calumnia no se aplicaban a una reunión de negocios de la iglesia si no había un solo miembro del público presente. Entonces podríamos hablar de una persona libre y francamente, sin temor alguno a una reacción legal, porque era una reunión privada solo de miembros. Hablamos de personas. Hablamos de líderes potenciales, hablamos de miembros potenciales, pero toda la iglesia compartía esto. Me llevó a la convicción de que uno tiene que tener una membresía y reuniones periódicas para miembros solos si uno quiere ser una iglesia del Nuevo Testamento. Volveremos a este asunto. Es un punto muy importante.

Hay un texto que me gustaría que usted revise en su mente. Ha sido usado principalmente por ancianos acerca de ellos mismos. Está en Hebreos 13:17, que en algunas Biblias dice: "Obedezcan a los que los gobiernan y sométanse a su autoridad". Los ancianos han usado a veces este texto para imponer su voluntad sobre los miembros, que no está bien. Le daré una sorpresa. La palabra "obedezcan" no está en el griego, la palabra "gobiernan" no está en el griego, la palabra "sométanse" no está en el griego y la palabra "autoridad" no está en el griego. Aparte de esto, es una buena traducción. No dice "Obedezcan a los que los gobiernan y sométanse a su autoridad". Ni una de esas cuatro palabras se encuentran ahí. Es una traducción errónea hecha por personas que querían dar a los ancianos demasiada autoridad. En realidad, dice: "Sean persuadidos por quienes los guían y cedan a ellos". No a su autoridad, sino a ellos. Está pidiendo cooperación de los miembros con los que han sido reconocidos como líderes. Dice: "Sean persuadidos por ellos, escúchenlos. Escuchen sus razones para hacer algo hasta que ustedes también estén persuadidos de que es lo correcto". No son los que los "gobiernan" sino quienes los "guían". Ellos son pastores auxiliares del Buen Pastor, y ellos los guían. No los empujan. No los persiguen. No usan perros. Los guían. "Y cedan a ellos". Dejen que guíen. Es una declaración muy suave, que tendría que haber sido traducida correctamente. De nuevo, tiene que creerme en esto, pero si conoce a alguien que sabe griego, debería preguntarle.

9. MINISTERIOS

Ahora veamos el *ministerio* de la iglesia. ¿Cómo era el ministerio de la iglesia del Nuevo Testamento? Había ministerios especiales. En realidad, eran cinco: apóstoles, profetas, evangelistas, pastores y maestros. Algunos piensan que pastores y maestros es un solo don, así que hablan de cuatro ministerios especiales. Yo estoy convencido de que son cinco, porque he conocido a grandes pastores que no podían enseñar y a buenos maestros que no podían pastorear. Así que estoy preparado para creer que son dos. A veces uno tiene un hombre que es ambas cosas. Por lo general, un hombre es mejor en una u otra de estas dos cosas.

Pero su tarea es multiplicar su ministerio en la iglesia. Es entrenar a otras personas en ese ministerio. Los apóstoles son dados a la iglesia para hacer de la iglesia una iglesia apostólica. Un profeta es dado a la iglesia para hacerla una iglesia profética. Un evangelista es dado a la iglesia para hacerla una iglesia evangelizadora. Un pastor es dado a una iglesia para hacerla una iglesia solidaria. Un maestro es dado a una iglesia para alentar a otros a ocuparse de la enseñanza. No son ministerios exclusivos en sí mismos. Su trabajo es que ese ministerio se multiplique, compartirlo, y hacer que otros en la iglesia lo realicen. No se trata de decir: "Soy un apóstol exclusivo y no deben tocar mi ministerio", sino "Estoy aquí para ayudarlos a ser apostólicos". Ese es el concepto de un ministerio especial como yo lo entiendo.

Ahora bien, algunos de esos ministerios funcionan mejor viajando de una iglesia a otra. Se vuelven algo pesados cuando se quedan en un lugar. Es mejor que los pastores y maestros se queden en una iglesia, pero algunos profetas funcionan mejor en movimiento. Conocí a un pastor en Australia que claramente era un profeta. Le dije: "Usted no debería ser un pastor. Es una persona pesada. Cada semana usted trae una palabra pesada del Señor sobre las personas, directamente de Dios, y puede pasar que se acostumbren a la palabra y dejen de escucharla o que usted los deprima tanto que colapsarán bajo el peso de sus declaraciones proféticas". De hecho, en la iglesia primitiva, la práctica era que un profeta se quedara solo dos o tres días en un lugar, y luego iba a otro lugar. Entonces las personas no estaban sujetas a mensajes proféticos pesados en cada reunión.

Sin duda, los apóstoles son personas móviles. Su tarea es seguir adelante cuando una iglesia está establecida y fundar otra en otro lugar. Tienen la tarea de abrir territorios vírgenes y plantar iglesias donde no existe ninguna. No es tarea del apóstol quedarse y convertirse en obispo o arzobispo (me refiero a que, después de fundar iglesias se queda para supervisarlas). Su tarea es estar en movimiento e ir a otro lugar.

Pablo era un apóstol. Cuando arrancaba una iglesia se iba al pueblo siguiente y arrancaba una iglesia ahí. Los apóstoles y profetas por lo general funcionan mejor en movimiento, y los evangelistas también, yendo de una iglesia a otra para hacer que esas iglesias evangelicen. Pero los pastores y maestros probablemente funcionen mejor quedándose y edificando el rebaño. Después de que los apóstoles fundaban una iglesia, los profetas traían la palabra de Dios y los evangelistas ayudaban a aumentar sus números. Los pastores y maestros podían seguir de ahí en más.

Contaré una historia para ilustrar dos de estos ministerios. Había dos hombres en Canadá que estaban cazando osos. Tomaron prestada una cabaña de madera en el bosque, que pasó a ser su base. Un día, uno de los hombres estaba preparando el desayuno en la cabina y miró por la ventana. Vio horrorizado cómo el otro hombre salía corriendo del bosque, perseguido por un oso pardo de dos metros de altura. Pensó: "¿Qué puedo hacer para ayudarlo?". No podía hacer nada. Solo lo alentó a correr lo más rápido que pudiera. El otro hombre corrió y corrió, manteniéndose delante del oso, llegó a la puerta de la cabaña, abrió la puerta y dio un paso al costado elegantemente para eludir al oso, y luego lo empujó hacia adentro. Gritó por la ventana: "Encárgate de ese y te traerá más". Esa es la diferencia entre el evangelista y el pastor. El evangelista sale y busca más, los empuja dentro de la iglesia y luego dice al pastor: "Ahora encárgate de ellos, y te traeré más", y empujan a toda clase de personas por la puerta. Algunas necesitan muchísima ayuda, y uno puede imaginar lo que ocurrió dentro de la cabaña después de eso. Verán que hay algunos que salen a buscar más personas y las meten adentro, y luego otros (que es la tarea más difícil) tienen que presentarlas maduras en Cristo Jesús, comenzando por donde se encuentran y edificándolas.

Todos estos dones encajan juntos y debe reconocerse que cada uno es un don de Dios. Nadie puede decir: "Seré un apóstol" o "Tengo la ambición de ser un evangelista". La mayoría de las personas descubren su don al vibrar en respuesta a un don. Por ejemplo, cuando Billy Graham estuvo en Inglaterra, muchos jóvenes sintieron: "Yo debería estar haciendo eso". Teníamos algunos jóvenes que simplemente tenían la ambición de ser como Billy Graham. Pero otros estaban vibrando por dentro y comenzaban a pensar: "¿Quiere Dios que haga eso?", y encontré que esa vibración dentro de su espíritu era el comienzo del llamado a ser un evangelista. Yo vibré cuando escuché a dos personas enseñar. Algo en mí respondió a su enseñanza, no solo por lo que enseñaban, sino por lo que estaban haciendo. Comencé a pensar: "¿Quiere Dios que haga eso?". Y aquí estoy. Es el quinto de los dones especiales, no el primero, no el segundo, el tercero o el cuarto. Estoy bastante feliz.

Hace unos años dije al Señor: "¿Cuáles son mis dones ahora? ¿Cuál es mi ministerio? No estoy muy seguro de lo que estoy haciendo".

Me dijo algo extraño: "David, te he hecho un subrayador".

Pensé: "Eso no está en la Biblia. ¿Qué es un subrayador?".

Entonces dijo: "No dirás mucho que sea nuevo para la gente, pero subrayarás lo que ya les estoy diciendo, al punto que lo harán".

Pensé: "¡Aleluya! Soy un subrayador para el Señor".

Vez tras vez, fue lo que ocurrió. Alguien me decía: "El Señor ya me está diciendo eso", y yo lo había subrayado. Es un ministerio maravilloso, pienso, subrayar lo que Dios ya está diciendo a las personas en sus corazones, para que lo hagan.

No encajo en ninguna de estas categorías del Nuevo Testamento, pero sé lo que el Señor quiere. Es así como descubrimos nuestro don: escuchando a alguien que ejerce el don, vibrando por dentro y sintiendo: "Yo tendría que estar haciendo eso", y viendo que puede hacerlo.

Lo cual me lleva a mi siguiente punto. En el Nuevo Testamento, cada persona es un ministro. No existe tal cosa como clérigos y laicos en el Nuevo Testamento. Todos tienen algún tipo de ministerio. En los primeros días de los pentecostales en Escandinavia, alguien dijo al principal evangelista pentecostal: "¿Cuántos miembros tiene ahora?". "Varios cientos". Luego preguntaron: "¿Cuántos ministros tiene ahora?". Dijo: "La misma cantidad". Esa debería ser la respuesta para una verdadera iglesia, donde cada miembro está en el ministerio de una forma u otra, donde cada miembro está activo y funciona de alguna forma hacia todos los demás miembros. Será una iglesia muy activa.

Llegaremos en un momento al problema del tamaño de la iglesia del Nuevo Testamento, porque cuanto más grande la iglesia a la que usted pertenece, menores son los dones necesarios. Una iglesia de diez mil sigue necesitando un solo predicador. Si no tiene cuidado, el tamaño de una iglesia produce muchos espectadores pero no tantos ministerios, porque no son necesarios. Además, una iglesia grande necesita un ministerio muy desarrollado. Uno no puede dejar a un novato con un grupo grande de personas, porque pronto se quejarán. Así que los que han desarrollado los dones hasta un estándar muy profesional terminan dirigiendo a la iglesia grande, y a los novatos les resulta muy difícil desarrollar sus dones en ese tipo de iglesia.

10. APÓSTOLES

Hemos mencionado a los apóstoles. Algunos piensan que los apóstoles están limitados a los Doce, los primeros apóstoles, y que no deberíamos usar ese nombre para nadie hoy. Pero cuando uno mira la palabra "apóstol" en el Nuevo Testamento, hay por lo menos cinco tipos de apóstoles, tres de los cuales eran únicos pero dos de los cuales aún pueden encontrarse. La palabra "apóstol" significa "alguien enviado", un enviado. *Apostelein* es el verbo griego "enviar". Es lo mismo que la palabra *mittere* en latín, de donde obtenemos "misionero" y "misil". Un misionero es un misil balístico intercontinental enviado de "A" a "B" para hacer algo.

Jesús fue llamado apóstol porque el Padre lo envió del cielo a la tierra para salvar a los pecadores. Era un apóstol, un enviado, y fue único. Escogió a doce hombres, uno de los cuales fracasó. Escogió a doce hombres para que fuesen los primeros discípulos —lo cual significa que debían aprender de él— y luego fueran enviados como doce apóstoles. Fueron a todas partes. Tomás fue al sur de India y aún hay una iglesia que tiene su nombre ahí. He estado en su tumba en el estado de Tamil Nadu, en el sur.

Los otros apóstoles fueron dispersados por todo el mundo. Fueron enviados por Jesús directamente, y nadie es enviado por Jesús directamente de esta forma hoy. Tenían que haberlo conocido antes de su muerte y su resurrección para ser uno de sus apóstoles personales. Por esa razón, cuando Judas lo traicionó, tuvieron que escoger a otro, y fue alguien que lo había conocido antes de su muerte y lo había conocido luego de su resurrección, para poder ser un testigo personal de la verdad de la resurrección, que era una clave para la difusión del evangelio al principio.

El tercer tipo de apóstol fue Pablo, y fue el único de ese tipo. Fue el último de todos los apóstoles, el último de los especiales. No reemplazó a Judas. Muchos han enseñado que fue el número doce. No, él mismo dijo que era el número trece. Reconoció a los doce apóstoles de Cristo cuando dijo: "Yo fui como alguien que nació en el momento equivocado". Fue el único *comisionado por el Cristo resucitado y ascendido*. Esa visión del Cristo resucitado y ascendido en su gloria lo cegó durante tres días, hasta que fue sanado. Dijo que tenía un apostolado único. De hecho, dice: "Sin jactarme, he trabajado más duro que todos los demás, que los doce". Esos son los apóstoles especiales que encontramos en el Nuevo Testamento.

Pero encontramos a otros. Por ejemplo, encontramos que la iglesia en Corinto tenía sus propios apóstoles, sus propios enviados. Ellos enviaban misioneros y predicadores desde ahí y los llamaban "apóstoles", enviados. Si una iglesia envía a uno de sus miembros a predicar, está bien llamarlo apóstol. Luego, finalmente, tenemos un apóstol único en Epafrodito, mencionado en la carta de Pablo a los Filipenses, enviado por la iglesia de Filipos para ser el casero de Pablo en Roma, mientras se encontraba bajo arresto domiciliario. Escribió una carta agradeciéndolos por enviar a Epafrodito como su apóstol. El título se encuentra ahí, en la carta de Filipenses, pero demasiados traductores tienen la idea que no había esa clase de apóstoles y han traducido mal la palabra. Pero es la palabra "apóstol". "Gracias a ustedes por su apóstol Epafrodito que está cocinando para mí, haciendo la cama y cuidándome en mi arresto domiciliario".

Teníamos un cuidador de la iglesia maravilloso. Se ocupaba del edificio. Era un carpintero brillante, y muchas de las cosas en el edificio las había hecho con sus propias manos. Mantenía el edificio impecable, pero hacía más que eso. Tomaba a los vagabundos, les lavaba la ropa, los hacía bañar, hacía que se limpiaran, les daba una comida y los enviaba en su camino. Uno estará contento cuando tiene un cuidador de la iglesia así. ¿Sabe lo que hicimos? Lo enviamos a Nazaret a ayudar a construir un hospital para los árabes. Fue nuestro enviado a Israel, a Nazaret. Nunca había salido del país. Nunca había estado en un avión, pero se convirtió en nuestro apóstol para Nazaret. Fue nuestro enviado, enviado de "A" a "B" para hacer una tarea. Es lo que significa la palabra "apóstol". Depende de quién los envía, adónde y para hacer qué tarea. Pero califican para la palabra "apóstol" si lo hacen.

Así que hay apóstoles hoy, pero deben ser enviados por la iglesia a otra parte para hacer una tarea. Hay demasiados apóstoles autodesignados que son falsos apóstoles. En realidad, están actuando como obispos, y están supervisando iglesias, que no está en el Nuevo Testamento.

11. OBISPOS

La palabra "obispo" se usa en el Nuevo Testamento como una traducción de la palabra *episkopos*, que es otra palabra que se aplica a los ancianos. En el Nuevo Testamento, había muchos obispos para una iglesia. Solo más tarde la jerarquía de oficiales del Imperio Romano fue adoptada por la iglesia y terminó con un obispo sobre muchas iglesias. Es una diferencia enorme que nunca tendría que haber ocurrido. Un obispo en la iglesia del Nuevo Testamento era simplemente un anciano.

Se usaban tres palabras. *Episkopos* se usaba para supervisores. La segunda palabra, *diakonos*, era para un diácono, pero hay otra palabra, *presbuteros*, que era usada para los ancianos. Así que los ancianos tenían dos títulos: *episkopos*, que significa "supervisor" y *presbuteros*, que significa "anciano". Luego estaban los *diakonos*, diáconos. Aquí tiene un pequeño acertijo. Hay un hombre en el Nuevo Testamento a quien se le aplicaron las tres palabras. Fue llamado *episkopos, presbuteros* y *diakonos*. Es una de las figuras más destacadas del Nuevo Testamento, y tenía los tres títulos. ¿Puede adivinar quién fue? Fue Judas. Judas Iscariote fue un *episkopos*, un *presbuteros* y un *diakonos*. Las tres palabras se aplican a él en Hechos 1, cuando dijeron: "Tenemos que reemplazarlo. Tenían que llenar esos puestos. Es el único hombre en el Nuevo Testamento llamado con los tres nombres. ¿No es interesante? Pero falló en los tres, y tuvo que ser reemplazado.

Ahí tenemos un cuadro del ministerio. El objetivo del ministerio es equipar a los santos para que hagan el mismo trabajo, equipar a la iglesia para ser apostólica, profética, evangelística, solidaria, pastoral y enseñadora. Es así como trabaja Dios. Y estas tareas no ponen al ministerio por encima de la membresía. Son dadas para servir y capacitar a los miembros. De hecho, Jesús estaba muy opuesto a la jerarquía, en la que algunas personas están por encima de otras. Ocurre cuando hay una estructura de pirámide. Este don está por encima de otro, otro está por encima de ese, y terminan con el pastor por arriba de todo. No es la estructura del Nuevo Testamento. Jesús dijo: "No se enseñoreen de las personas. Es lo que les encanta hacer a los gentiles. A los gentiles les gusta el poder y el control, pero no ustedes. El menor entre ustedes será el mayor. Ustedes deben servir a las personas, no actuar como sus jefes".

Por esa razón, edificar una iglesia según el modelo de una empresa será un fracaso. Tenemos que tener una actitud empresarial, especialmente con relación a nuestro dinero, hacer que nuestras cuentas sean auditadas y mantener un control cuidadoso de cómo se gasta el dinero. Pero si usted tiene un buen diácono que puede manejar las finanzas, y él es responsable ante los diáconos por cómo se gasta el dinero, nunca deberían tener que pasar por un juicio por razones financieras.

12. TAMAÑO, FORMA, RELACIONES

Llegamos ahora a un tema inusual: el tamaño y la forma de una congregación. No solo el tamaño, sino ¿tiene la forma correcta? Escribiré como arquitecto aquí. ¿Qué pasa con el tamaño? Algunas iglesias son demasiado pequeñas, y algunas iglesias son demasiado grandes como para ser iglesias del Nuevo Testamento. Lo esencial en una iglesia son sus *relaciones*. Una familia debe tener relaciones, porque si no, no será una familia, es un público. Todo cristiano necesita tres tamaños de grupos para ser equilibrado. Los llamaré, *célula, congregación* y *celebración*. Encontramos estos tres tamaños por experiencia a medida que creció la iglesia. Estoy muy contento ahora de que la idea de estos grupos de diferentes tamaños fue tomada y está siendo enseñado en lugares como el Seminario Teológico Fuller, en Estados Unidos. Pero llegamos a esto de manera bastante independiente a medida que creció nuestra iglesia. El hecho básico es que la persona promedio solo puede conocer doscientas personas por nombre. Los profesionales, como médicos y abogados, se entrenan para aprender más nombres, y algunos políticos pueden llegar a cuatro dígitos y aun recordar nombres, que los ayuda muchísimo a conseguir votos. Pero la persona promedio en una iglesia puede reconocer doscientas personas y llamarlas por su nombre. Este es el número por encima del cual las iglesias se vuelven anónimas. Uno está sentado al lado de alguien y le dice: "¿Nos está visitando hoy?" y le contesta: "No, he sido miembro durante veinte años". Usted piensa: "Vaya, volví a meter la pata". Pero la realidad es que en una iglesia que es demasiado grande uno puede ser disculpado por ese tipo de comentario, pero su relación con esa persona no es una relación de una iglesia del Nuevo Testamento. Usted no la conoce lo suficiente como para ayudarla o ministrarle. Son solo una multitud reunida de manera anónima. Es un factor importante.

Hay tres niveles de comunión que necesitamos. Todos necesitamos una *célula*, que es hasta veinte personas. Cuando llega a veinte se vuelve demasiado grande, y conviene dividirla en dos células de diez. Pero todos necesitamos una comunión íntima con unos pocos cristianos en la que podamos edificarnos mutuamente. Podemos llamarlos "grupos caseros", o lo que sea. La forma ideal para esa cantidad es un círculo, donde cada uno pueda verse. Es el agrupamiento normal en una célula pequeña, que permite hablar uno con otro, orar uno por otro, ministrar uno al otro. Por lo general, es en una célula que uno descubre su don y lo desarrolla, y se encuentra haciendo algo para los otros miembros del grupo.

Luego uno necesita también una *congregación*, donde las personas se conocen. Eso nos lleva hasta unas doscientas personas, y luego empieza a volverse anónimos para la mayoría. Una congregación de hasta unas doscientas personas es el tamaño correcto, y la forma correcta para ella es un semicírculo. Combina la posibilidad de poder verse unos a otros y relacionarse entre sí con un centro más fuerte para mantenerlo todo junto. Si usted está diseñando un edificio nuevo, diseñe el nuevo lugar de reunión en un semicírculo. O acomode las sillas en un semicírculo, aun cuando sea un edificio alargado. Significaría poner el centro de la congregación en la mitad de uno de los lados. Si está en un edificio alargado, puede poner las sillas en un semicírculo. Es vital poder verse las caras. En un pequeño círculo de menos de veinte personas es sencillo. En un semicírculo de hasta doscientas personas, uno sigue teniendo contacto entre sí, y también con los líderes de la reunión.

Más de doscientas personas se convierte en una *celebración* anónima, y hay un lugar para eso. Es inspirador reunirse en un grupo de buen tamaño y darse cuenta de que hay muchas personas que pertenecen a Cristo en su zona. El tamaño ideal para ese grupo podría ser cualquier cifra hasta dos millones, porque es anónimo. No sufre por eso, sino que es inspirador estar en un grupo grande. Una celebración puede ser de cualquier tamaño, pero tiene que ser liderado por personas maduras. Necesita ser liderado por menos personas. Necesita ser liderado desde el frente con líderes fuertes, para mantenerlo como un grupo. La forma ideal para esto es un cuarto de círculo, que se logra fácilmente en un edificio cuadrado.

Esta no es la forma ideal para una iglesia de ningún modo. Es hermoso para *enseñar*, porque la persona que habla puede verlo completamente, incluyendo su rostro, y usted puede ver al orador fácilmente sin tener que levantar o bajar la cabeza. El orador está aproximadamente a la altura de la mitad del grupo, que es una situación de enseñanza ideal. Pero esta no sería una situación ideal para una iglesia —lejos de ello—, porque todas las personas pueden ver principalmente la parte de atrás de la cabeza de los demás. Usted puede ver el rostro del orador, y es prácticamente el único rostro que puede ver realmente. Para una reunión de la iglesia, sería malo. En un salón cuadrado yo diseñaría un cuarto de círculo, porque permitiría que la gente se vea unas a otras además del orador, bajo un buen liderazgo desde un foco central. En todas las iglesias que he diseñado para más de doscientas personas he usado un cuarto de círculo para que haya un punto de concentración para el liderazgo, que es importante para un grupo grande. Pero sigue estando la posibilidad de mirarse unos a otros.

Si uno se encuentra en un edificio donde solo puede ver las partes de atrás de las cabezas nunca verá la gloria, porque la gloria aparece en la parte de adelantes de las personas, no en la parte de atrás. Hablo muy en serio. Cuando la gloria desciende sobre una congregación y la única persona que la ve es el predicador, es una situación lamentable. Un cuarto de círculo es la combinación ideal de liderazgo fuerte desde el frente y la capacidad de verse unos a otros. Hablamos de una situación ideal. Sé que debemos usar lo que tenemos con los edificios disponibles, pero si usted se encuentra en la situación feliz de poder diseñar, es así como debería encararlo.

13. MÚSICA Y PALABRAS

La clave para poder verse unos a otros es ver la gloria y, por lo tanto, poder ministrarse unos a otros además de ser ministrados desde el frente. Pero, a medida que uno se vuelve cada vez más grande, el liderazgo tiene que ser cada vez más grande. No creo que la música tiene que seguir el mismo camino, pero me temo que suele ser así. Se necesitan enormes amplificadores para potenciar la música y arrojarla a las personas. Mejor no digo nada en este punto. Lo haré cuando lleguemos al tema de la adoración, pero no obstante es lo que ocurre cuando uno tiene un grupo grande de personas: los amplificadores potencian el liderazgo para que todos puedan escucharlo.

Dado que la mayoría de las comunidades están gastando ahora cantidades enormes en electrónica y la mayoría de las plataformas en las que predico parecen centrales telefónicas, con cables por todas partes, tengo que tener cuidado dónde camino. Me temo que la era electrónica está para quedarse, pero las iglesias deben ser prudentes en la forma que la usan. Como sugerencia, las palabras y la música necesitan acústicas muy diferentes, así que una iglesia debería tener dos sistemas de amplificación: una para la música y la otra para hablar. El eco ideal para hablar está bajo un segundo y medio. Uno lo mide aplaudiendo, y es muy bajo realmente. Esto no sería tan bueno para la música, porque la reverberación es muy baja. Pero es excelente para hablar. En cambio, hasta cinco segundos de reverberación es ideal para la música. Una catedral grande tendrá una reverberación muy alta.

En los primeros días, antes de la electrónica, alguien iba a una catedral que recién se había construido y recorría la escala, y en una nota el edificio vibraba. De ahí en más, hacían todas las oraciones en esa nota y solo la variaban al final. Tal vez lo haya escuchado. Fue hecho con propósitos de acústica, y era ideal para eso. Pero cuando uno habla por un micrófono es ridículo. No se necesita. Ellos usaban toda la catedral como una reverberación, como un amplificador, y es una muy buena idea. Así empezaron las salmodias en las iglesias. Una vez que encontraban la nota correcta a la que reaccionaba todo el edificio, era la nota ideal para orar y la nota orar para predicar, hasta el final mismo.

Ahora nos reímos de esto. Es totalmente innecesario hoy, pero se ha vuelta una tradición de la iglesia alta para la Eucaristía cantada. Fue así que empezó y era muy sensato. Ahora podemos hacer nuestros edificios acústicamente perfectos, generalmente para una cosa o la otra. Una sala podría no ser buena para cantar en ella, para lo cual uno necesita un eco grande que multiplique el canto y rebote con él. En realidad, la acústica final ahora puede ser alterada con una perilla en la sala de control del sonido. Algunos de los teatros en Londres ahora tienen una sala que puede ser cambiada, los parlantes puede ser acomodados, y el volumen puede ser ajustado de modo que uno puede configurar todo el teatro para música o para hablar. Pero, dado que es un sistema muy costoso, por lo general la forma más sencilla es que una iglesia tenga dos sistemas. Por lo general encuentro que tengo que hablar por el sistema para la música. Es espantoso. Para hablar uno necesita parlantes pequeños en toda la iglesia con un volumen bajo, de modo que todos sientan que el predicador está a dos o tres metros. Esto es ideal para hablar.

Teníamos dos sistemas en nuestro edificio. Uno usaba parlantes diseminados a bajo volumen. El segundo era para la música, con parlantes grandes al frente con un volumen alto que buscaban imitar el eco de un edificio grande. Lo comparto solo porque, si usted va a gastar cientos de libras para la amplificación, consiga los sistemas correctos si puede. Se justifica a la larga. Las palabras suenan normal. Hablar y cantar son muy diferentes. Si quiere que se oigan naturalmente, necesitará estos sistemas dobles.

Noto que ahora la batería está normalmente aislada de la congregación. Me alegro de esta mejora. Si yo tuviera una ley que pudiera aprobar sería prohibir la batería por completo. Pero no hablaré de esto. Esa es una cosa que me molesta, porque la batería domina la música de tal forma que uno se encuentra en manos del baterista. Si es algo más rápido que el latido de su corazón, uno se verá manipulado a la excitación.

Volviendo a nuestro tema principal, uno comienza a descubrir sus dones en una célula pequeña. Pero necesita un grupo más grande para desarrollar su don. El grupo más grande tiene que tener el tamaño de una congregación, donde usted se conocido y amado. La mayoría de nosotros comenzamos a desarrollar nuestro don en un grupo más grande que una célula pero que era lo suficientemente pequeño como para que la gente nos conociera y, por lo tanto, entendiera. Uno nunca pondría a una persona que está aprendiendo su don frente a diez mil personas. Uno necesita desarrollar un don fuerte y controlado, y una capacidad para proyectar su persona para liderar una celebración grande. Por eso, si la iglesia a la que usted pertenece es solo la gran celebración y las células pequeñas, no hay mucha oportunidad para desarrollar dones.

Llegamos a ese punto en que teníamos unos mil adultos que asistían. Nos dimos cuenta de que no podíamos largar novatos con mil personas. No tenían la fuerza de la confianza aún, ni la personalidad para hacerlo. Mil personas habían cruzado esa línea de anonimato. Cuando uno no conoce a la persona, reaccionarán de manera crítica a alguien que está aprendiendo. Doscientas personas reaccionarán con simpatía con un hombre que está luchando para desarrollar su predicación. Lo alentarán a seguir adelante. Pero una multitud dirá simplemente: "¿Qué piensa del predicador?" o "¿Qué piensa del cantante?". Se volverán muy críticos, a menos que los dones en la plataforma sean muy profesionales.

De modo que nos dimos cuenta de que no había una escalera por la que las personas podrían subir con sus dones. Podían ejercer su don en una célula pequeña, pero sería algo demasiado pequeño. No estaban listas para ser expuestas a una gran multitud. Por lo tanto, dividimos las mil personas en cinco congregaciones. Dimos a cada congregación dos de nuestros ancianos para que se ocuparan de ellos. Seguíamos teniendo celebraciones de mil o más personas. Pero teníamos congregaciones de unas doscientas personas. Esto significaba que las personas podrían desarrollar sus dones entre un par de cientos de personas que las conocían, las amaban y las alentarían a seguir usando ese don y desarrollarlo. Ahora habíamos desarrollado una escalera con tres peldaños que podían subir los dones.

Es interesante que algunos desarrollaron dones con la suficiente madurez como para usarlos en la gran celebración, pero los desarrollaron en la congregación. La vida de la iglesia del Nuevo Testamento estaba en ese grupo medio. Era donde ocurrían los bautismos. Era donde se realizaba la actividad normal de la iglesia del Nuevo Testamento. Llegué a convencerme de que necesitamos esos tres niveles. La celebración es anónima. Es grande, apasionante y es inspiradora, pero el hecho de que es anónima significa que no es una iglesia. Pero todos necesitamos de tanto en tanto una multitud grande para darnos cuenta de que Dios es grande, que su pueblo es grande y que la iglesia es grande. Es bueno. Pero si uno no tiene una congregación lo suficientemente chica como para que la gente se conozca y se ministren unos a otros, se está perdiendo un patrón vital de la iglesia del Nuevo Testamento.

Desarrollamos entonces el patrón triple. En vez de atiborrar la agenda de una persona con reuniones, teníamos que decidir cómo equilibrar el tiempo entre los tres niveles. No teníamos reuniones de células semanales, sino cada dos semanas, lo cual aliviaba la agenda un poco. Teníamos reuniones congregacionales el domingo a la noche en partes separadas del edificio. El domingo a la mañana teníamos nuestra celebración. Ahora bien, la frecuencia de cada uno es algo que tendrá que ver de acuerdo a lo que las personas pueden manejar, sin sobrecargar a los cristianos con una agenda llena de reuniones.

Mis tres hijos tenían una mala palabra, que era "reunión". Hicimos un poco de investigación para averiguar cómo se había convertido en una mala palabra para ellos, y era porque uno de ellos decía: "¿Podemos ir a jugar al parque, mamá?".

"No, lo lamento, mamá tiene una reunión".

"Papá, ¿podemos hacer esto?".

"No, lo lamento, papá tiene una reunión". Los niños lo tomaron y la palabra ("reunión") se convirtió en una mala palabra cada vez que estaban frustrados. Yo creo que algunos de los adultos también tenían "reunionitis". No recargue a las personas. Dijimos: de las seis noches de semana, dedique dos a actividades de la iglesia, dos a la familia y dos a otras cosas. Pero no venga a la iglesia más de dos veces por semana. De las dos veces que usted viene, venga a una para recibir y una para dar. Mantenga un equilibrio entre alimentarse y servir a otros.

La adoración en el Nuevo Testamento era liderada por todos. Sin duda no puede hacer esto en una gran multitud. Cuanto más grande la multitud, menor la cantidad de personas a las que usted puede ministrar. En una gran multitud no puede permitir abrir la reunión a contribuciones de los miembros, porque tendrá exhibicionistas que harán uso de la oportunidad cada vez. Las mismas personas aprovecharán la oportunidad para hablar a un encuentro grande. Notará que cuando hay un encuentro grande todo está controlado desde el frente, y debería estarlo. Uno no puede darse el lujo de decir: "¿Alguien quisiera decir algo?". Lo puede hacer en una congregación donde la gente se conoce, pero no lo puede hacer en un grupo más grande que ese.

Si quiere tener una adoración como el Nuevo Testamento donde cualquiera puede hacer una contribución, necesita mantener el tamaño reducido. Cuando ha llegado a las doscientas personas, tal vez le convenga pensar en dividir el grupo en dos de cien personas y dejar que crezca. El crecimiento viene por división y por multiplicación. Cuando una célula llega a las veinte personas, divídala y deje que crezcan dos células de diez. Cuando una congregación llega a las doscientas personas, divídala y deje que las dos congregaciones crezcan. Luego deje que se reúnan cada tanto para una gran celebración. Sí, para escuchar la Palabra de Dios, para alabar a Dios, para tener una clase de adoración en la que todos pueden participar, que hoy parece requerir mucha amplificación.

Espero que haya explicado lo suficiente para dejar en claro que necesitamos comunión en tres niveles, no dos. Una iglesia enorme deberá considerar cómo desarrollar la vida congregacional bajo la gran celebración. Si quiere desarrollar los dones de las personas, una célula no alcanza. Una célula de hasta veinte personas es demasiado pequeña como para esperar que tenga todos los dones. Una congregación es lo suficientemente grande como para esperar que aparezcan todos los dones, porque necesitamos todos los dones. Todos no tenemos los mismos dones. Pero una célula por lo general no alcanza para tener un equilibrio de dones espirituales. Uno necesita una congregación para eso. Pero el ejercicio de los dones espirituales no puede hacerse en una celebración. Eso dependerá de que unos pocos ejerzan dones maduros.

14. ¡CÓMO ESCOGER LA IGLESIA PERFECTA!

Debemos reconocer que lo que estamos tratando ahora es el ideal. Uno podría preguntar: "¿Dónde hay una iglesia así aquí?". No lo sé. Mi consejo es claro: si usted encuentra la iglesia perfecta no se una a ella, porque la arruinará. Ese es un consejo que ha sido dado en todas partes del mundo. Hay algunos cristianos "mariposa" que van de una iglesia a otra todo el tiempo, buscando la iglesia perfecta, porque piensan que ellos son perfectos y necesitan la iglesia perfecta. Hay algo que está mal con eso.

Cuando se trata de escoger una iglesia, la mayoría de nosotros tenemos demasiadas opciones. Caemos en el consumismo del mundo. Vamos de iglesia a iglesia, buscando una que nos venga bien. Si usted tiene un coche tendrá la opción de muchas iglesias. ¿Cómo decide? Solíamos dar esta guía: en esencia, una iglesia debería ser local para que la gente se encuentre durante la semana y esté lo suficientemente cerca como para ser vecinos fuera de los encuentros de la iglesia. Si las personas vienen de todas partes a una iglesia, difícilmente se encuentren de manera regular entremedio. Tenemos un lugar de trabajo y un lugar donde vivimos. Necesitamos contactos con otros cristianos en ambos lugares. Pero solíamos decir: "Si usted viaja más de tres kilómetros para llegar a esta iglesia, probablemente esté yendo a la iglesia equivocada". Éramos muy renuentes a recibir como miembros a personas que venían de lejos. La regla es que cuanto más lejos uno va a la iglesia, más recibirá y menos dará. La iglesia más cerca de usted podría ser donde puede dar mucho y recibir poco. Necesitamos un equilibrio de una comunidad en la que podamos dar y recibir. Necesitamos quedarnos con esa iglesia equilibrada y dejar que sea nuestra comunidad local.

Con relación al tamaño y la forma, creo que es esencial

que los pastores o líderes de diferentes iglesias tengan contactos periódicos entre sí y tener una conducta correcta. Nunca deberíamos recibir una persona de otra iglesia a nuestra membresía sin pedirle una carta de la otra iglesia acerca de ella. Esto nos ha ahorrado muchos dolores de cabeza, especialmente de cristianos mariposa. Insistíamos en comunicarnos con los líderes de la iglesia donde habían estado para preguntarles acerca de las personas. Sí, algunas veces creó problemas, y a veces recibimos una carta de la otra iglesia que decía: "Nos alegramos de habernos deshecho de ellas", en cuyo caso no estábamos contentos de recibirlas. Le ahorra esa clase de dolor de corazón. A veces recibimos una carta que decía: "Se cansaron de nosotros después de seis meses y harán lo mismo con ustedes después de seis meses". Eso nos advertía que debíamos observarlos con cuidado. Pero, por lo general, recibíamos una carta que decía: "Han sido buenos miembros aquí, y por diferentes razones sentimos que serán mejores miembros con ustedes".

De hecho, en una ocasión noté que una cantidad grande de personas (hasta treinta) de la principal iglesia anglicana del pueblo comenzaron a asistir a nuestros cultos. Dado que eran todos cultos públicos y uno no podía pararse en la puerta para impedir que entraran, había dejado que vinieran. Pero hice lo siguiente. Fui directamente al pastor de la iglesia anglicana y le dije: "Vine a verlo porque me preocupa que muchos de su iglesia están viniendo a nuestra iglesia. No puedo pararme en la puerta y echarlos. Pero quiero que sepa que me preocupa".

Dijo: "Bueno, gracias, David, por esa preocupación, pero creo que debería decirte que yo los envié". Dije: "¿Qué fue lo que hiciste?". Dijo: "Yo los envié. Tu iglesia tiene algo que nuestra iglesia necesita, así que envié a varios durante seis meses. Les dije: 'Vayan y aprendan lo que tengan y vuelvan para hacerlo aquí'".

"Bueno", dije, "ahora confieso que nunca había pensado en enviarte personas. Fue muy generoso de tu parte". Después de seis meses todos volvieron y se llevaron a algunos de nuestros miembros con ellos. Pero estábamos contentos.

De hecho, en una de nuestras reuniones de negocios donde hacíamos los negocios a la manera del Señor, fue una de las reuniones más apasionantes del mes, y en una alguien nos dio una palabra profética: "Quiero que den a sus miembros a otras iglesias del pueblo". Ahora bien, es infrecuente que una iglesia haga algo así, pero venía del Señor, así que lo hicimos. Le dije que habíamos dividido a la gente en cinco grupos. Así que los domingos a la noche pedimos a un grupo cada domingo que fuera a otra iglesia. Llamábamos por teléfono y decíamos a la otra iglesia que les enviaríamos algunos de nuestros miembros. Siempre les preparaban algo para comer. Así que una quinta parte de nuestra gente iba a otra parte cada domingo a la noche. Llegamos a ser conocidos como la iglesia que da gente a otras iglesias. Yo estaba bastante orgulloso de esa reputación. Dejamos de ser llamados la iglesia que sacaba gente de otras iglesias.

Un pastor bautista estricto me dijo: "Ustedes roban personas de otras iglesias".

Le contesté: "No lo hacemos".

Me dijo: "Bueno, han sacado dos de los míos".

Respondí: "Sí, están viniendo con nosotros ahora, pero le daré los nombres de cuatro o cinco personas que están yendo a su iglesia ahora. Así que nosotros recibimos dos y ustedes recibieron cuatro. ¿Le parece justo?". Eso destruyó el rumor. Queríamos ser una iglesia conocida por dar personas a otras comunidades en vez de quitarlas. No queríamos construir un imperio. Queríamos producir cristianos que fueran y sirvieran en otras partes. Tengamos nuestras prioridades en orden.

15. DISCIPLINA

La disciplina era una marca clara de la iglesia primitiva. Los reformadores protestantes Lutero y Calvino decían que había tres señales de una iglesia del Nuevo Testamento. Primero, donde toda la Palabra de Dios fuera predicada fielmente. Segundo, donde los sacramentos de bautismo y la Cena del Señor fueran administrados debidamente. Tercero, donde la disciplina fuera ejercida debidamente. Es interesante que lo pusieran en tercer lugar. En la mayor parte de las iglesias de hoy no existe ninguna disciplina. Una razón es que no tienen una membresía apropiada. No tienen una lista de personas comprometidas que han aceptado a los ancianos como sus pastores, y los pastores no saben bien por quiénes son responsables. Si uno solo tiene reuniones públicas abiertas a las que puede venir cualquiera, entonces nunca lo sabrá y no podrá disciplinar.

Hay dos áreas específicas de disciplina que se necesitan: inclusión y exclusión. Quiénes tomar y quiénes echar. La iglesia del Nuevo Testamento practicaba ambas. Por eso es importante tener reuniones con miembros periódicamente, reuniones solo para miembros. Estas reuniones están cubiertas por la ley británica contra el libelo y la calumnia. Uno no puede ser procesado por libelo o calumnia si las reuniones son solo para miembros y no hay un solo miembro del público presente. Usamos este recurso. Lo hubiéramos hecho aunque no fuera lo que decía la ley, con reuniones solo para miembros, cuando la familia se reúne para hablar de sus asuntos y con los ancianos para decidir cosas.

La primera disciplina que necesita ser ejercida es quién entra. No a la iglesia, porque sus reuniones son públicas y tienen que serlo, sino quién entra en su *membresía*, en su familia reconocida de Dios en ese lugar. Es muy importante que usted reciba a las personas correctas, que significa lo siguiente: ¿cuáles son los requisitos básicos? Según mi libro *El nacimiento cristiano normal*, esos cuatro requisitos básicos deberían ser que se hayan arrepentido, hayan creído en el Señor Jesús, hayan sido bautizados y hayan recibido el Espíritu Santo. Aún no he encontrado una iglesia que tenga estos cuatro requisitos sencillos. Muchas iglesias ni siquiera tienen el bautismo como requisito. La mayoría de las iglesias tiene a la fe como requisito, pero por lo general se basan en la fe profesada más que una fe ejercida. Sorprendentemente, algunas iglesias ni siquiera preguntan: "¿Se ha arrepentido?". Esto significa incorporar a su iglesia cristianos parcialmente nacidos, y tendrá problemas después. Encare estas cuatro cosas antes que ingresen, porque será mucho más difícil tratarlas después que hayan entrado. Si tendrá reuniones con miembros sin duda querrá personas que hayan recibido el Espíritu Santo, porque si no traerán sus propios prejuicios y cabildeos a la reunión, y será un desastre. Así que es muy importante lo que usted incorpora.

Por ejemplo, tomemos el tema del divorcio y el nuevo matrimonio. Según Jesús, esa pareja está viviendo en adulterio. Prácticamente cada iglesia en la que hablo hoy condona el adulterio entre sus miembros. Es una situación extraordinaria. Acaban de ser aceptados a la membresía sin siquiera ser enfrentados con la necesidad de arrepentirse del adulterio. Esto ha ocurrido solo en los últimos treinta años, en realidad, pero está ocurriendo a gran escala, especialmente en Estados Unidos y Gran Bretaña. Gran Bretaña tiene la tasa más alta de divorcio de Europa. Hay ahora muchas personas dentro de las iglesias en este país que viven en adulterio, y esto está robando a la iglesia su autoridad moral para pronunciarse. Esto es solo un ejemplo. ¿Tomaría usted como miembro a alguien que está robando continuamente, un ladrón? No, usted diría: "Tiene que arrepentirse de eso primero. Está mal. Va en contra de la ley de Dios". Hay muchos pecados que están siendo pasados por alto cuando la gente entra en la membresía de la iglesia. Tenemos que manejarnos con cuidado en esto y decir: "Sí, la iglesia es para pecadores, pero es para pecadores que se han arrepentido y han comenzado la vida cristiana correctamente".

Lo asombroso del avivamiento es que cuando estalló (por ejemplo, en Pensacola, Estados Unidos), eran cristianos arrepintiéndose de cosas de las que tendrían que haberse arrepentido al principio mismo. Ocurre porque las iglesias han incorporado personas que vivían en pecado. Sí, tendría que haber sido personas no creyentes arrepintiéndose, y no personas creyentes. Ocurría con pecados groseros que todo el mundo sabe que estaban mal. No tendrían que haber sido incorporados a la iglesia hasta que se hubieran arrepentido. Este es el primer ejercicio de disciplina: a quiénes usted incorpora. Involucra entrevistar cuidadosamente a las personas que quieren ser miembros de su iglesia. No se trata de mantener afuera a las personas, sino incorporar a las personas correctas. Esto es porque la iglesia del Nuevo Testamento estaba formada por personas que se habían arrepentido, habían creído, habían sido bautizadas y habían recibido el Espíritu Santo. Si faltaba algunas de estas cosas tomaban medidas inmediatamente para corregir la deficiencia.

Luego había disciplina todo el tiempo, disciplina mutua, donde uno conoce a la otra persona lo suficiente como para ayudarse mutuamente a tratar con cualquier cosa que esté mal. Muchos matrimonios nunca hubieran llegado al divorcio si otros miembros de la iglesia hubieran sabido que estaban con problemas, hubieran orado con ellos, los hubieran aconsejado y les hubieran ministrado. Hubiera ahorrado muchos problemas. Pero uno solo puede hacer eso en una congregación donde las personas se conocen, saben que algo anda mal con esa pareja, y se preocupa, y hace algo al respecto. No son solo los ancianos que tienen que hacerlo, sino los miembros. Somos miembros unos de los otros. Si un miembro sufre, todos sufrimos. Si un miembro se alegra, todos nos alegramos. Hay bastante alegrías mutuas que ocurren en las iglesias, celebrando los cumpleaños y cosas de ese tipo. Pero hay mucha necesidad de sufrimiento mutuo, de modo que se note cuando alguien falta.

En una iglesia enorme ¿cómo sabe alguien quién falta ese domingo, y menos aún por qué falta? Sí, podría estar afuera, visitando a alguien, u otra cosa, pero cuando no aparecen durante semanas los demás miembros tendrían que haberse dado cuenta y visto que algo andaba mal. Vaya, visítelo y averigüe. Era así como funcionaba la iglesia del Nuevo Testamento. Uno no puede funcionar así si su iglesia es solo una gran celebración. Necesita el nivel medio, que es lo suficientemente pequeño como para darse cuenta cuando alguien no aparece. Cómo se dan cuenta en algunas de estas iglesias grandes, no lo sé. Alguien podría faltar durante meses y nadie lo habrá notado. Nos interesamos unos por otros, y hay solo una cantidad limitada por quienes uno puede interesarse y con los cuales puede relacionarse realmente, de modo que cuando aparecen señales de problemas uno puede ir a ayudarlos. Los problemas matrimoniales son bastante frecuentes, aún en la iglesia, y tenemos que notar cuando ocurren, de forma de ayudarlos rápidamente. Hay muchas exhortaciones en el Nuevo Testamento para poner de pie nuevamente a los cristianos cuando se están desviando, para cuidarlos, conocerlos lo suficiente como para saber cuándo las cosas se están desviando. Esta es la forma de hacer iglesia en el Nuevo Testamento.

Pero luego hay algunos asuntos serios en los que un miembro de la iglesia está causando un escándalo para el evangelio y para la iglesia, viviendo de forma tal que las personas pueden criticar la iglesia y decir que es hipócrita. Están preparados para hacer eso. Si hay un pecado serio en la iglesia que es conocido por el público, debe ser tratado de manera rápida y radical, no solo por los ancianos sino por los miembros. Esto ocurrió en Corinto, donde un hombre estaba teniendo sexo con su madre (podría haber sido su madrastra, pero sin duda era sexo ilícito) y todo el mundo lo sabía. Hablaba mal del Señor y de la iglesia local. Pablo, escribiendo a la iglesia en Corinto, dice: "Deben encarar esto y quitar el escándalo para que no se vuelva una ofensa para el mundo". Luego, en la segunda carta a los corintios dice algo fascinante: "Una mayoría de ustedes lo han sacado de comunión. Que todos lo reciban de vuelta ahora que se ha arrepentido", lo cual significa que tuvieron una votación en la reunión de miembros. Actuaron en conjunto.

Por supuesto, esa no es la primera etapa. La primera etapa es que, si hay un escándalo, usted, que lo ha notado, vaya y se lo diga. Si lo escucha, ha ganado a su hermano. Si deja de hacerlo después de una visita de un miembro, excelente. Si aún no escucha, lleve a dos o tres más con usted y apele a ellos como representantes del cuerpo. Si aún no escucha, lleve el asunto a toda la iglesia. La iglesia local le dirá: "Esto está mal. Arrepiéntase o si no me temo que tendremos que sacarlo de comunión". Eso significa no compartir la Cena del Señor con ellos hasta que se hayan arrepentido. Si aún no escucha, Jesús dijo: "Dejen que sea para ustedes como un pagano o un recaudador de impuestos". Ambos estaban afuera. No es que haya nada malo en recaudar impuestos, pero en esos días un recolector de impuestos recaudaba impuestos para los romanos. Era un traidor para su pueblo, y se llenaba los bolsillos al mismo tiempo. Así que recaudar impuestos estaba afuera. No era como trabajar para el HMRC, nuestra oficina de impuestos. Pero llega un punto en que los miembros tienen que excluir a un miembro. Una iglesia que hace eso está haciendo un favor a la persona. Es hacerle darse cuenta de lo que está haciendo, hasta que se arrepiente.

Pero eso no es la última cosa que una iglesia puede hacer. Hay un orden en cómo se aplica la disciplina, y la exclusión es lo segundo. Hay una cosa más que hacían en el Nuevo Testamento, que era entregar al hombre a Satanás. Pablo los insta a hacerlo. ¿Qué significa? Significa dejar que Satanás haga lo peor a una persona, quitar la protección de la iglesia de ella. Significa, en términos normales, enfermedad física y muerte. He sabido de iglesias que han hecho esto en Inglaterra en la práctica. A veces de manera de manera incorrecta, a veces de manera correcta. Hubo una reunión de miembros de una iglesia en un pueblo en Inglaterra donde la iglesia entregó solemnemente al hombre a Satanás. Cuando salió de la iglesia tuvo un ataque de corazón y murió. Muy pocas iglesias hoy se atreverían siquiera a hacer algo así.

En otra iglesia que conozco había tres hombres en la iglesia que estaban arruinando todo para los demás. Fueron entregados a lo último, consignados a Satanás. Uno cayó del extremo del muelle sobre la hélice de un barco y fue cortado en pedazos. El segundo era un limpiador de ventanas que cayó de la escalera sobre una reja con puntas. El tercer murió de otra forma. Pero cayó un gran temor sobre la iglesia. No volvieron a jugar con Dios.

Fue exactamente lo que ocurrió en el Nuevo Testamento con una pareja, Ananías y Safira. Un esposo y su esposa fueron muertos por el Espíritu porque Pedro dijo: "Ustedes mintieron al resto de la iglesia. Dieron dinero a la iglesia y dijeron que fue todo lo que recibieron de la venta de la propiedad, y no era todo lo que recibieron. Pusieron parte en sus bolsillos. Eso es mentir a la iglesia, y es mentir también al Espíritu Santo". Fueron literalmente muertos por el Espíritu. El versículo que sigue dice: "Y un gran temor se apoderó de toda la iglesia". Nos vendría bien un poco más de temor en la iglesia. Era un temor sano, un temor bueno. Es la clase de temor que es el principio de la sabiduría. Pero, ¿por qué lo hace? Lo hace con la esperanza de que se dé cuenta de que podría morir. El hombre de Corinto se dio cuenta, y entonces Pablo dijo: "Que todos lo reciban de vuelta. La mayoría de ustedes lo sacó, pero que todos digan: 'Vuelve al rebaño, te has arrepentido'".

Todo esto es tan extraño para la iglesia contemporánea que aun los cristianos tienen reacciones del tipo: "No quiero pertenecer a una iglesia que hace eso". Pera esa era la iglesia del Nuevo Testamento, y no jugaba con Dios o con la gente. Decía: esto es serio y haremos todo lo que podamos para salvarlo de seguir pecando, porque no está dando a Dios la gloria en su vida. Una iglesia necesita ejercer disciplina al tomar a la gente y disciplina al sacarla, y mucha disciplina entremedio. Todo miembro deberá estar involucrado en esa disciplina. Si no es así, y los ancianos han sacado a una persona con su propia autoridad, encontrará que la iglesia podría levantarse contra los ancianos, rebelarse y decir: "Conocíamos a estas personas. Éramos amigos de ellas". Pero si han contribuido a la disciplina y la iglesia ha sacado a alguien (y no solo unos pocos ancianos), entonces la iglesia lo respaldará. Es la iglesia que saca a alguien de su membresía, no los líderes.

16. ADORACIÓN

Vayamos ahora a la adoración de una iglesia del Nuevo Testamento, tanto en términos generales como particulares. Era una adoración colectiva, adoración juntos. La mayoría de las canciones que cantamos las llamo canciones de devoción personal. Son canciones "yo", en vez de canciones "nosotros". La adoración colectiva es adorar juntos. La mayoría de las canciones que cantamos fueron escritas en devocionales privados, luego fueron colocadas en un cancionero, luego en una pantalla para que cantemos, y hablamos de "mí" y cómo "yo" me siento acerca de Dios. La adoración colectiva es unirse y decir a Dios los que sentimos "nosotros" y, todavía más importante, cantar acerca de lo que Dios siente acerca de nosotros. La adoración debería ser colectiva, no un montón de personas que dicen a Dios: "Te amo". Lo amamos y lo expresamos en adoración juntos.

Teníamos tres hijos, y ellos tenían un rito. Una vez al año venían a mi dormitorio, se ponían en fila al pie de la cama, me cantaban una canción y me daban unas bolsas con sus golosinas preferidas. La canción que me cantaban era: "Que lo cumplas feliz, que lo cumplas feliz, que lo cumplas papito, que lo cumplas feliz", y entonces me daban las golosinas que sabía que eran sus favoritas. Sabía lo que debía hacer con ellas. Debía compartirlas de inmediato. Era algo artificial, ¿no es cierto? Estaban parados en una fila. ¿No hubiera preferido que hubieran venido uno por uno y me hubieran dicho: "Papi, te amo"? No, no lo hubiera preferido. Quería que fueran una familia, que hicieran cosas juntos, además de las cosas individuales. ¿Entendió la imagen? Dios lo disfruta cuando estamos parados en una fila y le cantamos juntos, por artificial que pueda parecer. Es lo que nos gustaría a nosotros. No es artificial, sino real, porque estamos reconociendo que somos una familia.

Me temo que reacciono bastante violentamente cuando un líder de adoración dice: "Simplemente hagan lo que quiera hacer cada uno. Si quiere sentarse, siéntese. Si quiere pararse, párese. Si quiere bailar, puede bailar". Lo que está haciendo es dividir a las personas, y cada uno hace lo suyo. "Si quiere pasar y ondear una bandera", "Si quiere hacer esto o lo otro…" Eso no es adoración colectiva. Un buen líder de adoración guía a las personas para que hagan cosas juntas, parándose juntas y cantando juntas. La adoración colectiva es bastante diferente de las devociones privadas, y tenemos que unirnos para adorar juntos.

Hay seis ingredientes esenciales para un buen acto de adoración. Estoy uniendo muchos textos de la Biblia ahora, pero sin algunas de estas cosas falta adoración. Primero está la *adoración propiamente dicha,* cuando le decimos simplemente a Dios que lo adoramos por lo que es; lo adoramos. Segundo, *agradecimiento*, diciendo "gracias" por lo que ha hecho por nosotros. Tercero, *confesión* de las cosas que hemos hecho y no tendríamos que haber hecho, y las cosas que no hemos hecho y tendríamos que haber hecho. Cuarto, *petición*, pidiéndole que nos bendiga. Quinto, *intercesión*, pidiéndole que bendiga a otros, otros cristianos ante todo, pero las personas en necesidad; orar por ellas es una parte esencial de la adoración. Sexto, *dedicación*, entregándonos a él por una semana más, dedicando esa semana al Señor. Uno le agradece por la semana que pasó y se dedica para la semana que sigue. Un buen acto de adoración contiene las seis cosas y pueden hacerse de muchas formas diferentes. Uno puede hacerlo cantando, pero si toda la adoración es canto, no es una adoración equilibrada. Me temo que es una trampa en la que hemos caído ahora: la adoración es cantar. Así que tenemos líderes de adoración que, francamente, no son líderes de adoración sino líderes de canto. Es todo lo que pueden hacer. Digo a algunos de ellos: "Guarda la guitarra e intenta dirigir la adoración sin ella. Entonces sabrás si puedes dirigir la adoración". Pero ahora nos hemos atado tanto al concepto de adoración tipo pop. Hasta lo llamo "adoración disco". Me preocupa que nos hayamos metido en un surco tan profundo que uno puede saber cómo va a ser la adoración antes de llegar a la iglesia. Uno puede saber cuánto tiempo van a dedicar a cada parte. Comenzarán con canciones fuertes y alegres durante unos diez a quince minutos, luego pasarán a canciones más tranquilas, etc. Entre las canciones podría tener una oración de veinte segundos. Esa es toda la oración que tendrá. Esto no es adoración, sino adaptarse a la cultura joven, y se parece más a un concierto de pop, con sus cantantes principales y guitarrista. ¿Alguna vez se fijó qué pocos músicos en la plataforma cantan? Fíjese la próxima vez. No están adorando, solo están tocando la guitarra y la batería. Volvamos a una adoración real y pongamos esas seis cosas en la adoración.

La adoración es, esencialmente, un diálogo entre nosotros y Dios. Él habla y nosotros hablamos. Él canta y nosotros cantamos. Dios es un cantante. Se regocija por nosotros mediante el canto. Aquí hay algo fundamental que hicimos en nuestra iglesia que no encuentro en muchas otras iglesias: recibimos la Palabra antes de la adoración. La tradición en la que se metieron las iglesias es la adoración antes de la Palabra. Pero, de hecho, en el tiempo de Jesús cada sinagoga (y, al día de hoy, cada sinagoga) comienza por la Palabra y luego adora. Creo que esto es sólido teológicamente y en todo sentido. Si usted se encontrara con la reina Isabel en nuestro país no iniciaría la conversación. Lo correcto para los súbditos es esperar que el soberano hable. Significa que el soberano guía la conversación y usted deberá esperar hasta que la reina hable antes de hablarle usted. Eso es cortesía. Lo mismo ocurre con Dios. Deberíamos comenzar nuestra adoración dejándolo hablar y luego nuestra adoración llega como una respuesta, una contestación a lo que él le ha dicho. El resultado es que la adoración es muy diferente cada semana. En cambio, la denominada "adoración carismática" es muy aburrida. Realmente me aburre. Es lo mismo cada vez. Pero cuando uno ha escuchado la Palabra durante una hora está listo para adorar, y esa adoración a veces será exuberante, alegre y festiva, y otras veces será bastante sobria, centrándose en la confesión. Esto significa que un buen líder de adoración, mientras se predica la Palabra, observará la congregación y sabrá que querrán decir a Dios. Un líder de adoración no vendrá con una lista fija de canciones que cantaremos. En cambio, vendrá con canciones que conoce y preguntará cuáles de ellas deberíamos cantar en respuesta a la Palabra de Dios.

También tiene esta gran ventaja. Cuando las personas llegan a la iglesia no están listas para la adoración. He tomado el tiempo y por lo general se requieren veinticinco minutos para lograr que la gente adore. Esto ocurre porque uno solo comienza a adorar realmente cuando piensa más en el Señor que en usted o en las personas que lo rodean. Entonces comienza a adorar. Las personas no hacen eso en un culto promedio. El líder de adoración está luchando para ayudarlos a adorar al Señor. Esto ocurre porque la mayoría de las personas han estado ocupadas hasta el momento mismo que llegaron a la iglesia, y no están listas para adorar. Después que han escuchado a Dios, están listas para adorar inmediatamente. Frecuentemente, después que han escuchado la Palabra se anuncia: "Ahora cantaremos una última canción y pueden irse a casa". O ni siquiera permiten que la congregación responda a la Palabra y se los envía a casa. ¡Es una tragedia! Usted puede ahorrar esos veinticinco minutos teniendo la Palabra primero. Luego, al final de eso, están pensando en el Señor, han escuchado al Señor y están listos para responder y contestarle.

Por eso cada sinagoga tiene ese orden de culto y la iglesia primitiva, sabemos, tenía el mismo orden de culto. Fue construida siguiendo el patrón de la sinagoga. Le ruego que lo intente. Pero pone más responsabilidad sobre la persona que da la Palabra, porque debe darla para preparar a la gente para la adoración, y pone más responsabilidad sobre el líder de adoración para que perciba lo que la gente quiere decir. Uno no puede prepararse para la adoración teniendo una lista de canciones que cantarán. Tiene que decir: "¿Qué tendríamos que cantar que exprese lo que la gente está sintiendo ahora?". Pero si lo hace correctamente es una forma mucho mejor de adorar. La Palabra primero, la adoración segundo. Se lo encomiendo a los pastores, para que lo piensen. Pero tendrán que hacer arreglos con la predicación y hacer arreglos con su líder de adoración.

Creo que es trágico que iglesia tras iglesia entrega su adoración a las personas más jóvenes y menos maduras de la iglesia, de modo que la adoración de todos es dirigida por jóvenes. Esto lo convertirá en una disco, que es la cultura de ellos. Las personas mayores tendrán que encajar simplemente. Esa no es la adoración del Nuevo Testamento. Lo lamento, pero es un callejón sin salida, y la gente se está cansando de esto rápidamente. El ritualismo es un enemigo de la adoración, pero meterse en un surco es el otro. La única diferencia entre un surco y la tumba es la profundidad. Nos hemos metido en un surco terrible. Es universal. En todos los países a los que voy es lo mismo. La misma rutina, los mismos músicos, los mismos cantores principales, las mismas canciones, todo parecido. La adoración debería ser apasionante, estimulante, y viene *después* de la Palabra.

17. FINANZAS

Permítame ahora ver las finanzas. El Nuevo Testamento dice más acerca del dinero que acerca de la oración, la salvación, el cielo o cualquier otro tema. Jesús siempre estaba hablando de dinero. Vaya a los Evangelios y subraye la palabra "dinero". Lo que hacemos con nuestro dinero como individuos es importante, y lo que una iglesia hace con el dinero es muy importante. Hago énfasis en que no estamos sujetos a impuestos en el Nuevo Pacto. No hay ningún fundamento bíblico para enseñar a los cristianos a diezmar. Este es un punto muy importante. Se nos dice que demos. Que demos de manera regular, que demos con sacrificio, que demos en proporción a nuestros ingresos y, sobre todo, que demos con alegría. Lo cual no significa una risa forzada cuando pasa el plato de la colecta. Significa dar de manera voluntaria, de buena gana. La palabra es "alegre". En otras palabras, Dios no quiere su dinero a menos que usted quiera darlo. Pero los cristianos tienen muchas más razones para querer dar que los judíos tenían para diezmar. Los judíos tenían que diezmar dos veces y luego debían dar más, así que el judío promedio bajo el pacto de Moisés daba el veinticinco por ciento de sus ingresos. Tenemos que recordar eso cuando los predicadores dicen que tenemos que diezmar.

    La iglesia nunca debería estar en deuda, que es robar dinero de la persona a quien debe el dinero. La iglesia puede usar reintegros de impuestos del gobierno si está en un país donde se aplica esto. En Inglaterra podemos reclamar la devolución de impuestos por dinero dado a la iglesia. Hay demasiadas iglesias que dependen de ese reintegro. Yo les digo: "No usen la devolución de impuestos para sus gastos corrientes. Úsenla para sus gastos de capital para nuevos equipos o nuevos edificios, porque vendrá un día muy pronto cuando los gobiernos ya no devolverán impuestos a las iglesias". Entonces los que han dependido de eso para sus gastos corrientes estarán en problemas. Estoy tratando de hacer que las iglesias británicas se preparen para eso.

Pero no debemos dar todas nuestras ofrendas a la iglesia. Debemos dar a misiones. Los pobres, especialmente las viudas, deberían ser nuestra preocupación. Los huérfanos, los que no tienen un hombre que los cuide. Dios el Padre está muy preocupado por las viudas y los huérfanos, pero al parecer no tiene ninguna preocupación por los viudos. ¿No es interesante? Esto es porque el hombre tiene el deber de proveer para su esposa y sus hijos en las escrituras. Las viudas y los huérfanos no tienen a nadie para cuidarlos.

En la reunión de negocios de nuestra iglesia una vez una pequeña señora se puso de pie y dijo: "Así dice el Señor: 'Quiero que den dinero a otras iglesias de este pueblo'". Fue una pequeña conmoción. Nunca habíamos dado un solo centavo a las demás iglesias del pueblo. Ellos pueden recaudar su dinero y nosotros podemos recaudar el nuestro. Dábamos el treinta y cinco por ciento de nuestros ingresos como iglesia a varias causas: los pobres, las misiones y varias causas meritorias. Pero, ¿dar a otras iglesias en el pueblo? Era ridículo. Además, si empezáramos a darle dinero parecería paternalista, como si estuviésemos diciendo: "Somos la iglesia rica, así que vamos a ayudarlas a ustedes, las iglesias pobres". La gente no respondería a eso.

Pero creíamos que era del Señor. Fui al gerente de nuestro banco, que se llamaba Julius Caesar. Le digo la verdad. Era el gerente del National Westminster Bank, el banco que usábamos. Le dije: "Quiero abrir una nueva cuenta".

"Ah", dijo. "¿Para quién es?".

Dije: "Para las demás iglesias del pueblo".

Abrió la cuenta y empezamos a depositar dinero en ella. Se volvió cada vez más grande y no sabíamos que hacer con el dinero. Tenía cientos de libras y ahí estaba, sin hacer nada. Pensamos cómo podríamos llevar el dinero a otras iglesias sin insultarlas o tener una actitud paternalista. Y entonces hubo un tornado en nuestro pueblo que hizo volar completamente el techo de la iglesia católica (un edificio moderno).

Esto nos presentó un problema. ¿Quería Dios que diéramos ese dinero a la iglesia católica? Sí. Así que fui al sacerdote irlandés que estaba a cargo de esa iglesia, le di un gran cheque y le dije: "Esto es para que vuelvan a poner el techo". Si hubiera tenido un corazón débil habría sido el fin de ese hombre. Dio unos pasos hacia atrás y dijo: "Nunca escuché que bautistas financiaran a católicos romanos". Casi no lo podía creer. Dijo: "¿Por qué están haciendo esto?".

Contesté: "El Señor nos dijo que lo hiciéramos. No creo que lo quisiéramos hacer nosotros, pero el Señor nos dijo que lo hiciéramos. Así que aquí tiene su cheque".

Luego dijo algo interesante: "Ustedes son la iglesia de la Biblia, ¿no?".

Dijo esto porque recién habíamos terminado de leer la Biblia de tapa a tapa, sin parar, del domingo a la tarde al jueves a la mañana, sin ningún corte. La habíamos leído en voz alta. No sabíamos lo que ocurriría, pero vinieron dos mil personas y vendimos media tonelada de Biblias. Fue un tiempo asombroso. Entre las cosas que pasaron le mencionaré solo dos. El alcalde de la ciudad era un católico romano nominal. Era un hombre pequeño llamado Alderman Sparrow, un nombre interesante para un sujeto pequeño. Usaba una cadena de mando de oro con el emblema de la ciudad. Se enteró de esto y preguntó: "¿Podría venir a leer para ustedes? Nunca oí que alguien leyera la Biblia de punta a punta, pero como alcalde estoy interesado y me gustaría representar al concejo de la ciudad y leer". Estábamos dividiendo las lecturas en quince minutos para cada persona y dijimos: "El jueves a la tarde a las 3:30 está libre todavía.

Usted puede venir a leer entonces. ¿Está libre?".

Dijo: "Sí. Ah, y traeré a mi esposa también. Ambos vendremos y leeremos para ustedes". Luego dijo: "¿Le importa si uso mi cadena de mando de oro?".

Dijimos: "No, siempre que no sea lo único que use".

Vino y leyó. Pero vino sin su esposa. Le preguntamos: "¿Dónde está su esposa?".

"Ah", dijo, "tuvimos visitas inesperadas. Estuvo levantada al alba, cocinando, zurciendo, haciendo las camas y preparándose para las visitas. Así que se disculpa. ¿Dónde hay que leer?".

Le contesté: "No sé. Solo póngase de pie a las 3:30, tome la Biblia y continúe la lectura". Leyó Proverbios 31. Leyó acerca de la mejor de todas las esposas, que se levanta al alba, cuida a la familia, hace la cama, cocina y comenzó a reírse. Luego leyó la oración: "Su esposo es respetado en la comunidad; ocupa un puesto entre las autoridades del lugar". Cuando terminó de leer vino y se sentó al lado mío, y dijo: "Estoy leyendo acerca de mí en la Biblia. ¿Podría comprar una Biblia y llevarla a casa para leerla?". Le dimos una y la llevó para leerla a su esposa.

Otra señora que estaba participando no nos había dicho previamente, pero después de leer iba a ir corriendo a una cita con su abogado para iniciar un divorcio con su esposo. Leyó en Malaquías: "Odio el divorcio". Nunca fue a ver al abogado. Su matrimonio se arregló y aún sigue casada felizmente. Muchas personas fueron tocadas solo por el hecho de leer la Biblia de tapa a tapa.

El sacerdote católico había escuchado de esto, así que dijo: "Ustedes son la iglesia de la Biblia, ¿no es cierto? Mi gente no lee la Biblia. A decir verdad, yo tampoco. Les doy una pequeña homilía cada domingo, les digo lo que el papa acaba de decir, pero no somos realmente una iglesia de la Biblia. ¿Quisiera enviar a algunos de su iglesia para enseñar la Biblia en la mía?". Aprovechamos la oportunidad y escogimos cuidadosamente diez personas que fueron a esa iglesia, semana tras semana, para enseñarles la Palabra de Dios. Puede adivinar el resultado de eso. Todo ocurrió porque en nuestra reunión de negocios mensual alguien había escuchado del Señor: "Usen su dinero para otras iglesias". No podíamos haber soñado lo que produciría.

Cada 31 de diciembre, si teníamos dinero en el banco, lo sacábamos y lo regalábamos. Así que el 1 de enero comenzábamos sin nada. Teníamos que empezar con fe para el presupuesto del nuevo año. Era así como vivíamos por fe como una iglesia, comenzando sin nada cada año. No estoy diciendo que es la única forma, pero queríamos ser conocidos como una iglesia que daba en vez de una iglesia que recibía. No una iglesia que desarrollaba su propia cuenta bancaria, sino una iglesia que gastaba su dinero como Dios quería que lo hiciéramos. Las finanzas son muy importantes para una iglesia.

18. EVANGELIZACIÓN

Vayamos a la evangelización. La iglesia es la única sociedad en la tierra que vive principalmente para quienes no son sus miembros. Toda otra sociedad es un grupo de personas que viven para sus miembros. La iglesia está dedicada a obedecer a Cristo, y él dijo: "Vayan a todo el mundo, bauticen a las personas y enséñenles a obedecer todo lo que les ordenado". Esto no puede hacerse en cinco minutos. Pero las personas tratan de decir: "Repita la oración del pecador y está adentro". Aquí tiene una pregunta difícil: ¿cuántos pecadores lo llamarían su amigo? Porque el mejor método de evangelización es la evangelización de la amistad. Más personas llegan a Cristo a través de un amigo que a través de todas las grandes cruzadas juntas. Por lo general ocurre porque un amigo es cristiano que las personas empiezan a venir a la iglesia o comienzan a hacer preguntas. Somos llamados a pescar. Pescar ovejas, ¡tremendo! Pero es a lo que estamos llamados a hacer. Somos el rebaño de Dios, pero somos pescadores de hombres.

Ahora algunas sugerencias prácticas. No todas las personas en cualquier iglesia tienen el don de la evangelización. Tal vez alrededor del diez por ciento de sus miembros tengan el don de la evangelización. Son las personas que traen a otras a su iglesia. Son las personas que, cuando usted va a su casa, tienen no creyentes con ellas. Algunas personas tienen un verdadero don para la evangelización. Deberían ser liberadas de cualquier otra tarea en la iglesia para salir a pescar. Eso es lo primero que quiero decir: encuentre el diez por ciento de las personas que son realmente buenas para pescar y envíelas a pescar. No las cargue con ninguna otra tarea de la iglesia. Veo frecuentemente personas que tiene el don de pescar trabajando como tesorero o diácono de la iglesia, o maestro de Escuela Dominical, o lo que sea.

Libérelas para salir a pescar para la iglesia.

Segundo, todo cristiano nuevo es un buen evangelista durante los primeros tres años de vida cristiana aproximadamente. Aún habla el idioma del mundo. Todavía puede comunicarse con las personas con las que trabaja y juega. Mateo juntó a un montón de recolectores de impuestos para que conocieran a Jesús. Podía hacerlo porque todavía era uno de ellos. Lamentablemente, cuanto más tiempo somos cristianos más tomamos el modelo de otros cristianos. Me resulta muy triste. Aparece especialmente en nuestras oraciones. Me entristece cuando las personas dejan de orar como lo hacían cuando recién se convirtieron en cristianas, cuando no sabían cómo orar. Pero han escuchado orar a otros, y toman la jerga rápidamente. ¿Ha escuchado oraciones "solo"? "Señor, solo venimos y solo te pedimos que solo nos bendigas". Palabra por medio dicen "solo". Es una costumbre que tienen algunos cristianos, y otros los copian. Es asombroso.

Una vez vino un hombre a nuestra iglesia y dijo: "Señor [tos] venimos a ti esta noche y solo [tos] te pedimos que bendigas esto", y pensé: "Pobre hombre, tiene una rana en la garganta, una plaga de ranas del faraón. No puede sacarla". Luego el próximo hombre vino a nuestra iglesia y ocurrió lo mismo: tenía una rana en la garganta. Dijo: "Señor [tos], estamos tan contentos por estar [tos] aquí esta noche", y pensé: "Es el segundo". Cuando llegó el tercero empecé a sospechar. Averigüé que eran Hermanos Exclusivos, y que el líder del movimiento tenía una garganta seca. Todos lo habían copiado y pensaban que era la forma de orar.

Cuando alguien ora por primera vez como nuevo cristiano, es hermoso: "Señor, te traemos la pierna de la Sra. Pérez". Pero es *real*. Teníamos un jardinero en nuestra iglesia que nunca dejó de orar esta clase de oración y nos avergonzaba a todos. Empezaba a hablar en medio del culto de la iglesia y decía: "Señor, acabo de comer una ciruela Victoria y es la mejor fruta que hayas hecho. Realmente la disfruté". No es la clase de oración que uno espera de los cristianos. Pero era muy fresco y real.

Es que cuando somos cristianos jóvenes hablamos naturalmente y después, lamentablemente, comenzamos a aceptar la cultura cristiana. Por lo tanto, los nuevos cristianos son muy buenos para evangelizar a otros. Tal vez su teología no sea muy buena, pero pueden salir y ganar a otros. Así que reúna al diez por ciento de su gente que tienen un don para la evangelización y los nuevos cristianos, y déjelos ir a pescar. No tiene que esperar que los cristianos maduren y se vuelvan demasiado como usted. Pero, mientras aún hablan el idioma, mientras todavía pueden comunicarse, úselos. Los nuevos cristianos son excelentes evangelistas. Pueden aprender teología después, pero irán a hablar de Jesús a alguien de una forma real.

Usted necesita un evangelista modelo entre los líderes de la iglesia para liderar a ese grupo. Un párroco de la Iglesia de Inglaterra me dijo: "He predicado sobre la evangelización. He entregado libros sobre la evangelización. Pero mi gente no evangeliza. Simplemente no puedo hacer que salgan a pescar".

Le dije: "Le diré por qué. Porque usted no lo hace".

Dijo: "Bueno, no soy realmente un evangelista. Apenas puedo mantener en funcionamiento la iglesia, predicar cada domingo y mantener el programa andando".

Le contesté: "Su gente no evangelizará hasta que vean a alguien haciéndolo. Tendrá que traer a un evangelista a la iglesia para que vean cómo ocurre. Entonces los que tengan el don vibrarán con él y se unirán a él". Fue lo que hizo.

Por eso es tan importante tener más de un líder en una iglesia, porque ningún líder tiene todos los dones, y por lo tanto no puede hacer que surjan todos los dones en una iglesia. La iglesia reflejará sus fortalezas y sus debilidades si es el único líder. Por eso es que se necesita un liderazgo colectivo, y entre ellos debe haber un evangelista que pueda enseñar a la gente cómo evangelizar viendo cómo se hace. La mayoría de nosotros aprendemos las habilidades que tenemos no leyendo libros sino viendo a alguien hacerlo. Yo no soy un evangelista. Alabo al Señor por los cientos de personas que parecen llegar al Señor a través de mi enseñanza. Pero, no obstante, cuando descubrí que no era un evangelista, después de intentar hacerlo durante todo un año, alabé a Dios porque sé lo que no soy. Eso es libertad. Así que no intento ser lo que no soy. Sigo con lo que soy y con lo que puedo hacer. Fueron maestros en la iglesia cuyo ejemplo seguí, porque enseñaban claramente, enseñaban bien, y mi corazoncito dijo: "Quiero ser así". Fue así que me metí en esto.

Las primeras veces que enseñé en la iglesia estaba tan nervioso que agoté el agua del vaso que estaba bajo el púlpito. Estaba sumamente nervioso y sufrí de diarrea por días, antes y después, literalmente. Pero tenía que aprender a hacerlo. Algunos esos vasos de agua en el púlpito eran un estudio interesante en la vida de estanques, de tanto tiempo que habían estado ahí. Pero los bebí hasta dejarlos secos solo para poder seguir. Pero aprendí, y ahora alabo al Señor porque averigüé lo que soy, y seguiré usando ese don mientras él me dé fuerza y salud. A él sea la gloria.

Edifiquemos iglesias del Nuevo Testamento que den al Señor lo que quiere de nosotros. ¿Amén? ¡No tendría que haber dicho eso! "Amén" no es una palabra que deba estar entre signos de pregunta. Es una afirmación: ¡Amén!

ACERCA DE DAVID PAWSON

David es un orador y autor con una fidelidad intransigente a las Sagradas Escrituras, que trae claridad y un mensaje de urgencia a los cristianos para que descubran los tesoros ocultos en la Palabra de Dios.

Nació en Inglaterra en 1930, y comenzó su carrera con un título en Agricultura de la Universidad de Durham. Cuando Dios intervino y los llamó al ministerio, completó una maestría en Teología en la Universidad de Cambridge y sirvió como capellán en la Real Fuerza Aérea durante tres años. Pasó a pastorear varias iglesias, incluyendo Millmead Centre, en Guildford, que se convirtió en modelo para muchos líderes de iglesia del Reino Unido. En 1979 el Señor lo llevó a un ministerio internacional. Su actual ministerio itinerante está dirigido principalmente a líderes de iglesia. David y su esposa Enid viven actualmente en el condado de Hampshire, Inglaterra.

A lo largo de los años ha escrito una gran cantidad de libros, folletos y notas de lectura diarias. Sus extensas y muy accesibles reseñas de los libros de la Biblia han sido publicadas y grabadas en "*Unlocking the Bible*" (*Abramos la Biblia*). Se han distribuido millones de copias de sus enseñanzas en más de 120 países, proveyendo un sólido fundamento bíblico.

Es considerado como "el predicador occidental más influyente de China" a través de la transmisión de su exitosa serie "*Unlocking the Bible*" a cada provincia de China por Good TV. En el Reino Unido, las enseñanzas de David se transmiten habitualmente por Revelation TV.

Incontables creyentes de todo el mundo se han beneficiado también de su generosa decisión en 2011 de poner a disposición sin cargo su extensa biblioteca audiovisual de enseñanza en www.davidpawson.org. Hemos cargado también hace poco todos los videos de David a un canal dedicado en **www.youtube.com**

VEA EN YOUTUBE
www.youtube.com/user/DavidPawsonMinistry

LA SERIE EXPLICANDO
VERDADES BIBLICAS EXPLICADAS SENCILLAMENTE

Si usted ha sido bendecido al leer, ver o escuchar este libro, hay más disponibles en la serie. Por favor regístrese y descargue más libritos visitando **www.explicandoverdadesbiblicas.com**

Otros libritos en la serie *Explicando* incluirán:
La historia asombrosa de Jesús
La unción y la llenura del Espíritu Santo
La resurrección: *El corazón del cristianismo*
El estudio de la Biblia
El bautismo del Nuevo Testamento
Cómo estudiar un libro de la Biblia: Judas
Los pasos fundamentales para llegar a ser un cristiano
Lo que la Biblia dice sobre el dinero
Lo que la Biblia dice sobre el trabajo
Gracia: *¿Favor inmerecido, fuerza irresistible o perdón incondicional?*
¿Eternamente seguros?
Tres textos que suelen tomarse fuera de contexto: *Explicando la verdad y exponiendo el error*
LaTrinidad
La verdad sobre la Navidad

Tambien nos encontramos en proceso de preparar y subir estos libritos que puedan ser comprados como copia impresa de:
www.amazon.co.uk o **www.thebookdepository.com**

ABRAMOS LA BIBLIA

Una reseña única del Antiguo y el Nuevo Testamento del internacionalmente aclamado orador y autor evangélico David Pawson. *Abramos la Biblia* abre la palabra de Dios de una forma fresca y poderosa. Pasando por alto los pequeños detalles de los estudios versículo por versículo, expone la historia épica de Dios y su pueblo en Israel. La cultura, el trasfondo histórico y las personas son presentados y aplicados al mundo moderno. Ocho volúmenes han sido reunidos en una guía compacta y fácil de usar que cubren el Antiguo y el Nuevo Testamento en una única edición gigante. El Antiguo Testamento: *Las instrucciones del fabricante* (Los cinco libros de la Ley), *Una tierra y un reino* (Josué, Jueces, Rut, 1-2 Samuel, 1-2 Reyes), *Poesías de adoración y sabiduría* (Salmos, Cantares, Proverbios, Eclesiastés), *Declinación y caída de un imperio* (Isaías, Jeremías y otros profetas), *La lucha por sobrevivir* (1-2 Crónicas y los profetas del exilio) – El Nuevo Testamento: *La bisagra de la historia* (Mateo, Marcos, Lucas, Juan y Hechos), *El decimotercer apóstol* (Pablo y sus cartas), *A la gloria por el sufrimiento* (Apocalipsis, Hebreos, las cartas de Santiago, Pedro y Judas).

JESÚS LAS SIETE MARAVILLAS DE SU HISTORIA

Este libro es el resultado de toda una vida de contar "la más grande historia jamás contada" por todo el mundo. David la volvió a narrar a varios cientos de jóvenes en Kansas City, EE.UU., que escucharon con un entusiasmo desinhibido, "twiteando" por Internet acerca de este "simpático caballero inglés" mientras hablaba.

Tomando la parte central del Credo de los Apóstoles como marco, David explica los hechos fundamentales acerca de Jesús en los que está basada la fe cristiana de una forma fresca y estimulante. Tanto los cristianos viejos como nuevos de beneficiarán de este llamado a "volver a los fundamentos", y encontrarán que se vuelven a enamorar de su Señor.

OTRAS ENSEÑANZAS
POR DAVID PAWSON

Para el listado más actualizado de los libros de David ir a: **www.davidpawsonbooks.com**

Para comprar las enseñanzas de David ir a: **www.davidpawson.com**

www.ingramcontent.com/pod-product-compliance
Lightning Source LLC
Chambersburg PA
CBHW071031080526
44587CB00015B/2570